政治を語るフレーム

乖離する有権者、政治家、メディア

稲増一憲

東京大学出版会

Political Framing:
The Gap between Voters, Media, and Politicians
Kazunori Inamasu
University of Tokyo Press, 2015
ISBN 978-4-13-016119-0

目　次

政治を語るフレーム：乖離する有権者，政治家，メディア

はじめに ·· 1

第 I 部　理　論

第 1 章　一般有権者は政治に関わるに足る能力を持っているのか ······· 7
　　1-1　「有権者の無知」と政治的洗練性 ·· 7
　　1-2　政治的ショートカット ·· 12
　　1-3　副産物的政治情報入手の特殊性 ·· 15
　　1-4　政治的洗練性概念のエリート主義的側面に対する批判 ············ 17

第 2 章　一般有権者は政治をどう捉えているのか ································ 23
　　2-1　質的面接調査を用いた先行研究 ·· 23
　　2-2　スキーマからフレームへ ·· 26
　　2-3　政治科学におけるフレーム概念 ·· 29
　　　　2-3-1　フレーム概念のバックグラウンド　　29
　　　　2-3-2　政治科学におけるフレームの実例　　31
　　　　2-3-3　政治的エリートによる世論操作とフレーム　　32

第 3 章　政治を語るフレームをいかにして研究するか ························ 37
　　3-1　本書の射程 ·· 37
　　　　3-1-1　一般有権者独自のフレームの検討　　37
　　　　3-1-2　質的研究と量的研究の融合　　39
　　3-2　研究の妥当性 ·· 42
　　　　3-2-1　フレームの測定方法　　42
　　　　3-2-2　フレームの説明力　　43
　　3-3　本書の概要とデータ ·· 44
　　　　3-3-1　実証研究の構成　　44
　　　　3-3-2　各章の概要とデータ　　45

第Ⅱ部 政治的エリートによる公的なディスコースと一般有権者のフレームの比較

第4章 年金争点についてのフレームの比較：2007年参院選を対象に ……… 53
　4-1 研究の背景：2007年参院選とはどんな選挙だったのか ……… 53
　4-2 方法：計量テキスト分析によるフレームの検討 ……… 55
　4-3 方法：政治家・メディア・有権者におけるテキストデータ ……… 57
　4-4 与野党議員の発言において強調された争点 ……… 58
　4-5 国会会議録・新聞報道・一般有権者における争点の捉え方の違い ……… 61
　4-6 重要争点が投票にもたらした効果 ……… 66
　4-7 2007年参院選における有権者は無知だったのか ……… 70

第5章 政治情報の入手経路がメディアと有権者におけるフレームの一致度にもたらす効果 ……… 75
　5-1 議題設定効果研究における争点ごとの違い ……… 76
　5-2 実証的イデオロギー研究と争点の構造化 ……… 77
　5-3 仮説：争点の直接経験性に基づくイデオロギー研究の再解釈 ……… 80
　5-4 方法：JES Ⅲ調査と内容分析 ……… 84
　5-5 メディア接触・ネットワーク多様性と争点成極化の関連 ……… 88
　5-6 新聞接触による争点態度の違い ……… 91
　5-7 新聞報道と有権者におけるフレームの一致度 ……… 93
　5-8 争点の直接経験性の違いがもたらすもの ……… 95

第Ⅲ部 一般有権者が政治を捉えるフレームの詳細とその影響

第6章 質的面接調査による一般有権者が政治を捉えるフレームの詳細の検討 ……………………………………………………… 103
 6-1 研究の概要と方法 …………………………………………… 103
 6-2 フレーム1：抽象的概念 …………………………………… 110
 6-3 フレーム2：居住地域 ……………………………………… 115
 6-4 フレーム3：個人の生活 …………………………………… 121
 6-5 フレーム4：仕事経験 ……………………………………… 127
 6-6 フレーム5：会話の通貨 …………………………………… 134
 6-7 私的生活空間との関連において政治を捉えるフレームの意義
  ……………………………………………………………………… 138

第7章 有権者が保持するフレームと政治的態度・行動との関連 …… 143
 7-1 研究目的とリサーチクエスチョン ………………………… 143
 7-2 方法：ランダムサンプリングに基づく郵送調査 ………… 145
 7-3 フレームの測定項目と単純集計 …………………………… 147
  7-3-1 測定項目の作成　　147
  7-3-2 単純集計　　152
 7-4 フレーム同士の関連 ………………………………………… 155
 7-5 フレームと政治関心・政治的有効性感覚・政治参加の関連 … 157
 7-6 有権者が保持するフレームの意味 ………………………… 163

第8章 政治を捉えるフレームの提示がもたらす影響の検討 ………… 167
 8-1 研究目的と仮説 ……………………………………………… 167
 8-2 方法：インターネット調査実験 …………………………… 171
 8-3 フレームの提示による政治関心変化量の違い …………… 175

8-4　インターネット調査実験におけるフレーム提示の効果 ……… 178

終　章　政治を語るフレームから何が見えるのか ………………………… 181
　　　9-1　本書が明らかにしたもの ………………………………………… 181
　　　9-2　次なる研究へ：方法の洗練 …………………………………… 186
　　　9-3　現実の政治へのインプリケーション ………………………… 188

　　　引用文献 ………………………………………………………………… 197
　　　おわりに ………………………………………………………………… 211

はじめに

　本書は，日本の有権者が政府の意思決定に参加するに値する知識や能力を持つのかという問いに対して，一般有権者が政治を捉える枠組み（フレーム）に注目することでひとつの回答を試みるものである．これまでの政治科学[1]における研究においては，一般有権者による政治の捉え方が政治的エリートの公的なディスコースとは異なることを以って，一般有権者の政治に関わる能力が欠如しているとみなされることが少なくなかった．しかし本書においては，両者による政治の捉え方の相違を前提とした上で一般有権者の視点による政治の捉え方を積極的に評価することにより，日本の有権者が政府の意思決定に参加するに値する知識や能力を持つという結論を導き出そうとする．

　2009年8月に行われた第45回衆議院議員選挙において，民主党が過半数を獲得し，戦後初の本格的な政権交代が行われた[2]．さらに3年後の2012年12月に行われた第46回衆議院議員選挙において，ふたたび自由民主党を中心とした政権への交代が行われた．55年体制下における自由民主党を中心とした政権が長らく続く中では，野党への投票はあくまで政府・与党への批判票という側面が強かったが[3]，有権者が政権政党を選択するという時代が到来したことで，有権者の政治に対する責任は増したといえるであろう．それでは，日本の有権者は責任にふさわしい能力を備えているのだろうか．この問いに対しては，残念ながら手放しで「備えている」と回答することは難しいと言わざるを

1）Political Science の訳語としては「政治学」が一般的だが，政治学だけでなく経済学・社会学・心理学などさまざまな学問をもととして政治を研究する学際的学問分野という意味を強調するため，本書においては「政治科学」という語を用いる．
2）1993年7月に行われた第40回衆議院議員選挙においても政権交代が起こっているが，自民党が比較第一党の地位を占めており，国会における多数派工作によって連立政権が誕生したことを考えると，純粋な有権者の選択の結果による政権交代とは言い難い．
3）自民党政権を基本的には支持しつつも，与野党伯仲による緊張状態を求めて野党に投票する有権者の存在を示したバッファ・プレーヤー説（蒲島，1998）は，このような政治状況を説明するものである．

えないのが現状であろう．総選挙のたびに議席が大きく振れる近年の選挙結果，内閣支持率の乱高下による短期間での首相交代，議員としての資質が著しく疑われる人物の当選，とくに地方選挙や若年層において顕著である低投票率の問題などを受けて，しばしば日本の有権者や民主主義の現状について批判が投げかけられている．とはいえ，有権者の低調な政治参加や政治知識の不足，非合理的な判断に対する批判は，日本に限らず古くから繰り返されてきたものであり，それに対する反論も繰り返されてきているのである．政治に関わる有権者の能力（citizen competence）の有無という問題は，第1章で詳しく見るように政治科学の分野において，常に中心的な地位を占め続けてきたテーマだといえる．

　それと同時に，このテーマを特徴づける点として，極めて強い社会心理学の関与が挙げられる．シアーズら（Sears, Huddy, and Jervis, 2003）が，「政治科学において完全に心理学的でない理論は存在しない」とまで述べているように，もともと政治科学が有権者を対象とする場合には，心理学に依拠するところが大きいが，有権者の能力を検討する上で必要とされる政治的事象に対する「知識」あるいは「態度」を測定する上では，社会心理学の知見や手法を活かすことが不可欠といえよう[4]．本書の特徴の第一は，社会心理学に依拠しながら「有権者の能力」という政治科学における中心的なテーマを扱うことで，社会心理学と政治学の架橋を目指しているということである[5]．

　加えて，本書の方法論的な特徴としては，社会調査や実験などの社会心理学において一般的に用いられる量的手法だけでなく，自由回答の分析や面接調査といった質的手法を用いていることが挙げられる．これにより，政治家やジャーナリスト[6]といった政治的エリートによる公的なディスコースにおける枠組みとは異なる一般有権者が政治を捉える枠組みを明らかにするというアプローチによって検討を行うことが可能になる．

4）このことは，社会心理学ハンドブック第4版（*The Handbook of Social Psychology* 4th edition）において，政治学者のキンダー（Kinder, 1998）が政治領域における社会心理学の応用についてレビューを行うにあたって，有権者の能力という観点からまとめているという事実にも表れている．

5）残念ながら現状では，同じテーマを扱っている場合であっても，社会心理学と政治学の間での文献の相互参照は，ごく一部の文献のみに限られている．

さらには，本書は一義的には政治に関わる有権者の能力という問題に対する社会心理学からの理論的貢献を目指すものであるが，現在の日本政治が抱える問題の解決策へとつながる示唆を得るためにも，有権者の現状をただ嘆くのではなく，実証的な研究の知見を踏まえて議論を行うことは重要だといえよう．

---

6) 本書における政治的エリートとしてのジャーナリストは政治記者を念頭に置いている．同じジャーナリストであっても，たとえば社会部の記者などは政治的エリートよりは一般有権者に近い視点を持つ可能性がある．また，第1-3節において述べるソフトニュースの隆盛に表れているように，これまで政治を対象としてこなかったメディアが政治を取り上げるようになっている現代において，これらのメディアに関わる人々は政治的エリートよりは一般有権者に近い視点で政治を捉えているということは十分に考えられる．

第 I 部

理 論

第 1 章
一般有権者は政治に関わるに足る能力を持っているのか

1-1 「有権者の無知」と政治的洗練性

　日本のように代議制を採用する社会においては，数年に一度の選挙における投票を通じて，あるいはマスメディアによって報じられる世論調査の結果がリーダーの交代や政策の変化（大村，2010, 2012；Page and Shapiro, 1983）を左右する形で，有権者は政治に対して影響力を行使することが可能である．この過程を通じて有権者の選好が政治に反映されることで，民主主義社会が実現される．しかし，もし有権者が理性的な判断によって，自らの選好に沿った政党や候補者を選択することができないとすれば，民主主義の正統性が失われる致命的な問題となりかねないのである．

　市民の能力に対する悲観的な評価に基づく民主主義批判は古くからたびたび行われてきたが（e.g. Lippmann, 1922, 1925; Schumpeter, 1942），本格的な実証データを用いて「有権者の無知」という問題を初めて指摘したのは，キャンベルら（Campbell, Converse, Miller, and Stokes, 1960）によって発表された『アメリカの投票者（*The American Voter*）』におけるコンバースの研究，および，続いて発表されたコンバースによる論文である（Converse, 1964）．彼は政治に関する有権者の能力を表すために政治的洗練性という概念を用い，幅広い政策争点に対する態度が相互制約を持って政治的信念体系を形成している場合に洗練性が高く，争点に対する理解が狭い範囲に限られる，あるいは争点態度同士が関連を持たない場合に洗練性が低いと定義した．その上で，サンプルの代表性が確

保された American National Election Studies（ANES）等の社会調査データを用いてこの概念について検証を行った．この研究における政治的洗練の操作的定義付けは，政治的エリートが政策を統合する際に用いる保守 – リベラルイデオロギー[1])に沿って大統領や政党が理解できている程度[2])，イデオロギーに沿って相関を持つと考えられる争点同士の相関の高低，同一争点の時系列相関の高低という3点によってなされている．コンバースが示した結果は，一般有権者は政治家やジャーナリストといった政治的エリートのように個々の政策を束ねる明確な軸を持っておらず，政策に対する態度はバラバラであり社会調査に回答する度に生じるその場限りのものであるというものであった．具体的には，保守 – リベラルイデオロギーによって政治を捉えている有権者はわずか2.5％であり，疑似イデオロギー（quasi-ideology）的視点を持つ有権者を含めても15％以下であった．また，政党帰属意識の年度を跨いだ自己相関は0.7という高い値である一方で，同じ政策に対する年度を跨いだ自己相関は0.3程度，イデオロギーに沿えば同じ方向性を持つはずの争点態度相互の相関も0.3未満からせいぜい0.5程度だというのである．以上の結果から，一般有権者の政治的洗練性は総じて低く，有権者の多くは政策争点に対する明確な態度を持たないという結論が導かれた（Campbell et al., 1960; Converse, 1964）．

　有権者の多くが政策争点に対する態度を持たないとすれば，世論は少数の政治的エリートによって容易に操作されうるものとなる．コンバースの研究結果は，民主主義の正統性を脅かすがゆえに政治科学者たちから大きな衝撃を持って受け止められ，政治的洗練性の測定に関する研究は以後半世紀にわたって選挙研究における主要な研究テーマのひとつであり続けている（e.g. Gerber, Nicolet, and Sciarini, 2014; Gomez and Wilson, 2001; Goren, 2004; Luskin, 1987, 1990;

1）アメリカの保守 – リベラル，ヨーロッパの右 – 左，日本の保守 – 革新は思想史上の幅はありながらも，計量分析上は基本的には同一のものとして扱われることが多い（蒲島・竹中，1996）．そのため本書においては，アメリカに関しては保守 – リベラルイデオロギー，日本に関しては保革イデオロギーという語を用いるが同一の概念を表すものとする．

2）大統領や政党について良い点・悪い点を自由回答形式で尋ね，その回答の分類から政治的洗練性に沿ったコードを作成する形で測定が行われている．コンバース（Converse, 1964）が用いたコードは，洗練性が高い順に「イデオロギー的思考」「疑似イデオロギー的思考」「集団の利害」「個別争点の性質」「非争点（政党への忠誠や候補者の見た目・経歴）」の5つであった．

Rhee and Cappella, 1997; 山崎・荒井, 2011；Zaller, 1992). また, 論文が発表された直後から反論も行われ, 激しい論争を巻き起こすとともに, その過程で多くの新たな研究が生み出されることとなった.

コンバースの研究に対抗してまず行われたのは,「有権者の無知」という「民主主義にとって破壊的」(Achen, 1975) な指摘に対する直接の反証を試みる研究である. これらの研究は修正主義アプローチと呼ばれており, その主張は2種類に大別することが可能である.

第一は, 1950年代という時代の特殊性と時代の変化を主張するものである. コンバースの研究は政治的無風状態にあった1950年代のデータを用いており, 60年代以降における社会調査データを用いて同様の検討を行うと, イデオロギー的観点からの政治理解や争点態度の自己相関, 異なる争点態度同士の相関といった有権者の政治的洗練性を表す指標が向上しているというのである (Bennett, 1973; Miller and Miller, 1976; Nie and Andersen, 1974; Nie, Verba, and Petrocik, 1979).

第二は, 社会調査方法論や統計学に基づいて, コンバースが示した争点態度の相関の低さは測定誤差に起因するという主張を行うものである. この主張によれば, コンバース (Converse, 1964) が指摘した問題は有権者の争点態度ではなく, 測定誤差が大きい質問項目の信頼性についての問題とされる. 測定誤差の存在を考慮してそれを取り除いた真の態度の変化のみを取り出すならば, 有権者の争点態度はその場限りのものではなく十分に安定的と評価できる水準に到達しているというのである (Achen, 1975; Erickson, 1979; Pierce and Rose, 1974).

しかし, ビショップら (Bishop, Oldendick, and Tuchfarber, 1978) やサリバンら (Sullivan, Piereson, and Marcus, 1978) が複数の質問形式を比較した研究によって指摘しているように, 1950年代から60年代にかけての争点態度間の相関係数の上昇の多くは, ANESの争点態度を問う質問形式やワーディングが変更されたことによって生じたものだと考えられる[3]. また, コンバースとマーカス (Converse and Markus, 1979) が反論を行っているように, 測定の問題がある程度解決した1972-76年の調査においても1950年代と同様の結果が見られてい

---

3) 具体的には, ある意見への賛否を問う5件法の質問から, 2つの意見を対置した上で自分の意見はどちらにより近いかを問う7件法の質問に変わっている.

ることから，不安定な有権者の争点態度の原因を測定誤差に帰することは難しいであろう．

　さらには，1950年代に比べて教育水準が大きく上昇した90年代においてすら，人々の政治的能力は向上していないという研究が存在することもコンバースによる指摘の妥当性を裏付ける．デリカーピニとキーター（Delli Carpini and Keeter, 1996）は政治的洗練と深い関連を持つ政治知識を対象として包括的な研究を行っており，市民が政治組織と政治過程，リーダーと政党，公共政策といった分野に関する政治知識を保有しているかどうかを検証した．その結果，教育・経済状況・人種・性別などによって保有する知識に格差が存在すること，また，多くの市民は非常に乏しい知識しか持たないことが明らかになった[4]．ラスキン（Luskin, 1987）やキンダー（Kinder, 1998）のレビューにおいても述べられているように，コンバースの研究に対しては多くの批判が存在するものの，一般有権者の政治的洗練性の水準は低いという知見自体は覆されていないと結論づけられるであろう．

　これまでの議論はアメリカにおける研究を中心としたものであったが，ここで日本における政治的洗練性および政治知識の水準についての研究を簡単にまとめる．まず，キャンベルら（Campbell et al., 1960）やコンバース（Converse, 1964）の研究と直接の対応関係にあるといえるのが，三宅・木下・間場（1967）による研究である．彼らは自由回答形式の質問を用いて有権者の政党に関する認知を類型化し，類型A（イデオロギー），類型B（階級と階層），類型C（実行力，信頼性），類型D（その他），類型E（認知内容なし）というカテゴリーを作成した．このカテゴリーに基づいて有権者による認知の分類を行い，類型Aに属する有権者の割合を検討したところ，イデオロギーと政党や政策の特性を結びつけて理解している有権者は8%，他の概念とのつながりは見られないもののイデオロギー的な抽象的概念を用いている有権者は8%存在していた．これらをイデオロギー的思考および疑似イデオロギー的思考を行う有権者の割

---

[4] 政治的事実に関するクイズ形式の質問への正答数を数えることで測定される政治知識は，争点態度間の相互制約というコンバース以降用いられてきた測定手法とは異なっているが，両者は強い相関を持っている．また理論上も，政治的洗練性は争点態度間の相互制約だけでなく信念体系に含まれる認知的要素の数や範囲という変数によって構成される概念であり，政治知識はこれらの変数を測定しているとも考えられる（Luskin, 1987）．

合と考えると，イデオロギー的思考を行う有権者の割合はキャンベルらやコンバースの研究に比べて高いものの，両者を加算した割合はほぼ同程度といえる．

三宅ら (1967) による研究以外には，政治的洗練性や政治知識と他の変数の関連を検討した研究（原田，1985；稲増・池田，2009；境家，2008；安野，2003）や，項目反応理論などを用いて精緻な測定手法の開発を目指した研究（今井，2008；稲葉，1998；山崎・荒井，2011）は存在するものの，日本の有権者においてこれらの変数の水準自体を明らかにするという意図を持った研究は決して多くない．数少ない例外が河野 (1997) による研究および森川・遠藤 (2005) による研究である．河野 (1997) は「官房長官の名前」「衆議院定数」「アメリカ副大統領の名前」について尋ねる質問を用いて有権者の政治知識の水準は低いという結果を導く一方で，森川・遠藤 (2005) は，「自民党総裁」「憲法の戦争放棄条項」「失業率」「国連安全保障理事国」「京都議定書」について尋ねる質問項目を用いて，政治知識の水準は高いという結果を導いている[5]．後者の結果についてはアメリカにおける研究で得られてきた知見とは異なるが，クイズ形式の政治知識項目を用いた研究においては，質問の難易度によって結果が大きく異なるという問題が存在しており，この研究結果だけをもとに日本の有権者の政治知識のレベルは高いと結論づけることはできないであろう[6]．また，有権者ごとの政治知識の分散が大きいという点がアメリカと同様であるという点については，河野 (1997) と森川・遠藤 (2005) の両者に共通する結果だといえる．さらには，政治的洗練性や政治知識についての検討を目的とした研究ではないが，蒲島・竹中 (1996) による日本人のイデオロギーについての研究において[7]，平等観という問題について政治的エリートはイデオロギー的に捉えている一方で，一般有権者はそうではないということが明らかにされている．政治的エリートを対象とした調査においては「所得の平等」「男女の平等」「外

---

5) なお，具体的な結果としては，河野 (1997) の研究においては 3 問全問不正解の対象者が 24.1%，2 問不正解の対象者が 31.5% であったのに対して，森川・遠藤 (2005) の研究においては 5 問全問不正解の対象者は 1.9%，4 問不正解の対象者が 17.9% であった．
6) 過去の研究において政治知識の尺度が確立されてはいないため，単独の研究結果をもとに政治知識の多寡を議論できないという点については，森川・遠藤 (2005) 自身も指摘している．
7) この研究の詳細については本書第 5 章で述べる．

国人の取り扱い」「財産の平等」「社会的平等」という項目のすべてと保革イデオロギーとの相関が同程度に高かったのに対して，一般有権者においては相関係数の値はバラバラであり，概して政治的エリートよりも低かったのである．

以上のように，少なくとも日本の有権者における政治的洗練や政治知識の水準は十分なものであると結論づけられているとはいえないこと，および政治的エリートと一般有権者において政治をイデオロギーという抽象的概念によって統合する能力に差が見られることから，アメリカにおける選挙研究と同様，日本においても有権者の政治に関わる能力について検討する必要性があるといえよう．

1-2 政治的ショートカット

1980年代以降，コンバースの研究結果に対して直接の反証を目指す研究の数は減少した．その一方で，有権者の政治的洗練性が決して高くないという事実を認めた上で，それにもかかわらず民主主義が機能するためのメカニズムとして，有権者の能力や知識の不足を補うための政治的ショートカット[8]の存在を指摘する立場に基づく研究が次々と登場することとなった．

政治的ショートカットに関する研究の源流は，コンバースの研究よりもさらに以前，経済学における合理性の観点から有権者の政治参加や意思決定についての推測を行ったダウンズ（Downs, 1957）による研究である．ダウンズによれば，民主主義社会においては非常に多くの人々の行動によって決定がなされるため，一人一人の行動が政治に影響を与える余地は少ない．たとえば，数万・数十万という単位での投票が行われる国政選挙において，個人が投票しようがしまいが選挙結果は変わらないということである．結果として，政治参加によって個人が得られる利益は極めて小さくなるため，コストをかけて政治情報の

---

8) 選挙研究の分野においては，しばしば政治的ショートカットはヒューリスティクスと呼ばれる．しかし，バイアスが強調される社会心理学におけるヒューリスティクス概念とは異なり，「情報の不足を補う」というポジティブな文脈で用いられることが多いこと，代表性ヒューリスティクスなど社会心理学におけるヒューリスティクス概念と共通するものとそうでないものの両方が同一のカテゴリーに含まれ紛らわしいことから，本書では政治的ショートカットという語を用いる．

収集を行うこと,政治に参加することは,人々にとって合理的な行動ではないという結論が導かれる(Downs, 1957).ダール(Dahl, 1961)が「政治は人生という素晴らしいサーカスの幕間の余興に過ぎない」と表現しているように,政治が自身の利害に直結する政治的エリートとは異なり,多くの有権者にとって政治は重要な問題ではないのである[9].

人々が合理的である限り政治に深く関与することはないという指摘は,民主主義にとって極めて悲観的ともいえるが,同時にダウンズ(Downs, 1957)は,それでも民主主義が機能している理由についての示唆を提供している.政治に関わることで得られる利益が少ない以上,人々は政治情報の入手においてできるだけコストを削減しようとする.したがって,一般有権者が政治的判断や行動を行う上では,マスメディアや周囲の他者から提供される無料の情報,とくに政治情報の獲得を意図しない非政治的な活動の副産物として得られる情報が重要な役割を担っているというのである.

ダウンズが提起した政治参加におけるコストの削減という観点は,主に政治情報の入手に関するものであったが[10],心理学における認知革命の影響を受けて,1980年代後半以降,政治科学の分野で政治的意思決定のための情報処理プロセスにおける認知的コストの削減方法を明らかにする研究がさかんに行われるようになった (e.g. Lau and Redlawsk, 2001, 2006; Lodge, McGraw, and Stroh, 1989; Lupia and McCubbins, 1998; McGraw, Lodge, and Stroh, 1990; Popkin, 1994; Sniderman, Brody and Tetlock, 1991).

ダウンズ(Downs, 1957)の研究を踏まえた上で,有権者が不完全な情報から政治的判断を行うプロセスについてまとめたのがポプキン(Popkin, 1994)によ

---

9) とはいえ,有権者が政治を重要と考えない状況を放置できるかといえばそうではない.個人レベルでは政治参加は非合理的であっても,大半の有権者が政治参加を避ければ民主主義の正統性が失われるという社会的ジレンマの構造を持つためである.また,特定の有権者のみが政治に参加する状況の弊害は,後述するプライアー(Prior, 2005, 2007)の研究においても描かれる.
10) 情報入手以外の政治行動におけるコストの削減法としては,意思決定を他者に委託し他者の助言にしたがって投票を行うということが述べられているが,これは政治参加における社会的ネットワークの影響に関する研究(e.g. Huckfeldt and Sprague, 1995; La Due Lake and Huckfeldt, 1998; Ikeda, Liu, Aida, and Wilson, 2005; Ikeda and Richey, 2005; Inamasu and Ikeda, 2008)へとつながるものである.

る低情報合理性（Low information rationality）の研究である．彼によれば，副産物的な政治情報獲得のルートは日常生活における経験とメディアの2つに大別される．さらに，日常生活における経験は「買い物や仕事をする中でインフレや失業率について実感する」といった一般的な生活における経験と，「貿易に携わるビジネスマンは技術移転についての法律に詳しい」といった個人の特殊な属性に基づく経験の両方を含んでいる．これらの活動の中で得た情報に基づき，政党帰属，政党や候補者への印象評価，候補者のパーソナリティーといった手がかり，社会的ネットワーク上の他者の判断，代表性ヒューリスティクスなどの認知的メカニズム等のショートカットを利用することで，政治に詳しくない有権者であっても，ある程度合理的な判断を行うことができるというのである．

　ポプキン（Popkin, 1994）の研究は理論的な検討を主としていたが，その後本格的な実験や社会調査を用いて，不十分な情報に基づく政治的意思決定が研究されることとなった．ルピアとマカビンズ（Lupia and McCubbins, 1998）は，実験室実験および社会調査型実験を用いて，不完全な情報しか持たない有権者であっても，推論する能力を持つことによって理性的な判断を行うことが可能であることを示すと同時に，推論が働くための条件（政治システム）について検証を行っている．また，ラウとレドロウスク（Lau and Redlawsk, 1997）は，「完全な情報を持った状況を仮定した場合の選択」を「正しい投票」と定義して，過去の社会調査データを用いて有権者が「正しい投票」を行っているのかを検討した．その結果，1972年から88年までの大統領選において，有権者の75%程度が「正しい投票」を行っていたことが明らかになっている（Lau and Redlawsk, 1997）．これは，選択に際して多くの有権者が不完全な情報しか持たない実際の選挙場面においても，ショートカットを利用した有権者の判断が有効に機能していることを示す一定の証拠といえるものである．さらに，ラウとレドロウスク（Lau and Redlawsk, 2001, 2006）は，「正しい投票」の定義に基づき，オンライン上に選挙の状況を再現した実験によって，それまでは直接検討することが難しかった人々の政治的意思決定の過程を明らかにすることを試みた．その結果，複雑な意思決定状況においては，ほとんどの有権者がショートカットを用いた判断を行っていることが明らかになった．

ただし，政治的ショートカットがうまく機能するためには，前提となる一定量の政治知識などの有権者の個人要因および，候補者の数や候補者のイデオロギーの明確性といった選挙キャンペーンを取り巻く状況について随伴条件が存在する（Lau, Andersen, and Redlawsk, 2008; Lau and Redlawsk, 2001, 2006）．この中でもとくに，政治的ショートカットが機能するためには一定量の政治知識が必要となるという指摘は，看過することのできない重要な点である．前提となる知識を得ることができなければ，ショートカットを用いた判断は有権者の意思決定を誤らせる，つまりは，有権者の本来の選好とは異なる決定へと導いてしまう可能性が存在するのである．

1-3　副産物的政治情報入手の特殊性

　多くの有権者が政治に対して強い関心は持たないという議論を受け入れるならば，非政治的な活動の副産物として必要最低限の政治情報を入手することと，政治情報の不足を補うためのショートカットが存在することは，民主主義にとって不可欠である．

　しかし，プライアー（Prior, 2005, 2007）によれば，副産物的な政治情報の入手はマスメディアを中心としたメディア環境に依存したものであり，その変化によって民主主義が危機に晒されつつあるというのである．チャンネル数が少なく選択肢が少ないメディア環境においては，どの局もニュースを放送している時間帯にテレビを消すよりはつけっぱなしが良いという理由によって仕方なくニュース番組を視聴し，結果として政治情報を入手していた有権者が少なくなかった．しかし，多チャンネル化やインターネットの普及によって，人々は「いつでも娯楽番組を視聴する自由」「政治情報に一切触れない自由」を獲得した結果，人々の志向性がそのままメディア視聴に反映されることになったのである．その結果，娯楽志向の強い人々は政治から離れ，ニュース番組を好んで視聴するニュースジャンキーとの間で政治知識や投票における格差が拡大した．実際，過去数十年のアメリカにおける政治知識量の平均値はほぼ変わっていない一方で，分散は拡大しているという．さらにプライアー（Prior, 2007）は，政治知識の格差増大の帰結として，最低限の政治知識すら持たない人々は政治

から離れ,限られた人々のみが政治と関わるという事態が進行しつつあるということが招く問題について指摘している.政治と関わる動機づけを持つのは党派性の強い有権者であるため,有権者が党派性によって分断され,党派性の強い有権者から票を集めた党派性の強い候補者のみが当選することで,結果として議会が分極化されたというのである[11].その後の検討はまだ十分ではないが,プライアーの指摘が現実のものとなるとすれば,民主主義を導入するすべての国にとって看過することのできない重大な問題といえよう[12].

　ポプキン(Popkin, 1994)の研究において述べられていた副産物的政治情報入手の経路は,日常生活における経験とメディアの2つであったが,その後の研究の量は圧倒的にメディアに関するものが多い[13].たとえば,近年増加している娯楽性を持ったニュース番組であるソフトニュースの視聴が政治参加にもたらす影響を検討する研究は,娯楽性を求めた視聴行動が政治情報の入手をもたらすという副産物的政治情報入手に直接関わるものである(Baum, 2003; Baum and Jamison, 2006; 稲増・池田, 2009; Kim and Vishak, 2008; 境家, 2008; Taniguchi, 2011)[14][15].一方で,日常生活からの経験については,人々は自身が感じる経済状況に基づいて現政権への支持・不支持を決定するという経済投票の研究(Gomez and Wilson, 2001, 2006; e.g. Kinder and Kiewiet, 1981)において,関連した

---

11) 有権者がコンテンツを自由に選択できるケーブルテレビ(e.g. Iyengar and Hahn, 2009; Stroud, 2008, 2010, 2011)やインターネット(e.g. Garrett, 2009; Kobayashi and Ikeda, 2009; Nie, Miller, Golde, Butler, and Winneg, 2010; Valentino, Banks, Hutchings, and Davis, 2009)の利用によって有権者がイデオロギー的に分断されるという研究は,有権者が自らの先有態度に沿ったメディアを選択するという選択的接触研究の文脈で議論されることが多い.それに対してプライアー(Prior, 2005, 2007, 2013)の議論が特徴的なのは,有権者の関心を反映する形での多くの有権者の政治からの退場が,結果として議会の分断を招くという点にある.
12) 日本では,ケーブルテレビの普及率が低いこと,インターネット上において副産物的政治情報入手を促進しうる Yahoo! Japan というポータルサイトが独占的な地位を占めていることから,アメリカとはメディア環境が異なるともいえる(Kobayashi and Kim, 2010; Kobayashi and Inamasu, forthcoming).しかし,Yahoo! Japan における経済的利益とは必ずしも合致しない政治ニュースの配信は,編集者のジャーナリスト精神に支えられていること(奥村,2010)を考えれば,日本における副産物的政治情報入手が将来にわたって安泰だというわけではない.
13) なお,副産物的政治情報入手の経路としては,対人ネットワーク上における会話も存在する(木村,2000; La Due Lake and Huckfeldt, 1998).これは自分自身の経験によるものではないが,政治的エリートによる公的なディスコースとは異なるという点において,日常生活における経験と共通性を持つといえる.

議論が見られるものの[16]，副産物的政治情報入手の観点から日常生活の経験を直接扱った研究は少ない[17]．しかし，プライアー（Prior, 2005, 2007, 2013）の指摘にあるように，メディアを通じた副産物的政治情報入手が特定のメディア環境に依存したものであり，将来的に失われる可能性があるとするならば，もうひとつの日常生活の経験を通じた副産物的政治情報入手について，いま一度検討を加えるべきではないだろうか．

1-4 政治的洗練性概念のエリート主義的側面に対する批判

日常生活の経験を通じて入手した政治情報がメディアを通じて入手した政治情報と異なる点は，ジャーナリストという政治的エリートの手を介さないということである．したがって，日常生活の経験から得られた情報をもとに形成される有権者の政治に対する捉え方は，政治的エリートの政治に対する捉え方とは異なる点を含む可能性が高いと考えられる[18]．政治的洗練性概念に沿って考えるならば，政治的エリートとは異なりイデオロギーのような抽象的な枠組みによって統合されていない有権者の信念体系は，洗練性が低いということになるであろう．しかし，政治的エリートとは異なる政治の捉え方を「無知」とみなして良いのかどうかについては留保が必要である．この点に関する研究は，

---

14) ソフトニュースの増加が娯楽志向を持った有権者の副産物的政治情報入手の機会を増やすと捉えるならば，現在進行しつつあるメディア環境の変化に伴う民主主義社会の変化は，政治知識の格差の縮小というプライアーとは逆の結論となる．この点について，バウムとプライアーによる論争が行われた（Baum, 2003; Prior, 2003; Baum and Jamison, 2006; Prior, 2007）．
15) 娯楽化されたソフトニュースのように多様なメディアが政治を扱うということは，メディアにおいても政治的エリート以外の言葉で政治が語られる機会が増えるということである．これは，政治的エリートと一般有権者のギャップを埋める可能性を秘めている一方で，政治的エリートが製作したメディアに接触する有権者とそれ以外のメディアに接触する有権者の分極化を招くだけの結果に終わる可能性もある．メディアの多様化については，本書における課題と合わせて検討していくべき重要な課題だといえる．
16) 経済投票の議論はダウンズ（Downs, 1957）の影響を受けているが，ポプキン（Popkin, 1994）による低情報合理性の議論の影響を直接受けたものではない．
17) フィオリーナ（Fiorina, 1990）も日常生活における経験からの副産物的政治情報入手に触れているが，データ測定を伴う経験的研究ではない．
18) この点については，直接の検証ではないが，マスメディアによる議題設定効果の研究が示唆を与える．詳しくは本書の第5章において述べる．

キャンベルら（Campbell et al., 1960）やコンバース（Converse, 1964）が提起した「有権者の無知」という研究結果に対する直接の反証の試み，および政治的ショートカットの存在を示す研究に次ぐ，第三の研究の方向性としてまとめることができる．コンバース（Converse, 1964）やラスキン（Luskin, 1987）による政治的洗練性の定義によれば，一般有権者には，デリカーピニとキーター（Delli Carpini and Keeter, 1996）の政治知識項目が対象とするような幅広い分野に関する多くの認知的要素を信念体系に組み込むこと，イデオロギーに代表される抽象的な枠組みによって政策争点に対する態度を統合することが期待されている．そして，それが達成されていないがゆえに「有権者の無知」として語られることとなるが，この2つの期待自体が現実の民主主義に沿ったものではないということを指摘する研究が存在しているのである．

　有権者の信念体系に含まれる認知的要素の数や範囲と関連した政治知識項目に対する批判は，*Critical Review* 誌のコンバース（Converse, 1964）の論文に対する応答論文を集めた特集号において発表されたルピア（Lupia, 2006）およびグレーバー（Graber, 2006）による論文に見ることができる．ルピアは，規範理論において語られる民主主義像に基づき市民に対して過度な要求を行うことは一種のエリート主義であり，政治科学において政治知識の測定に用いられている項目は，有権者が実際の政治的判断を下す際に必要な知識ではないといった批判を行っている（Lupia, 2006）．また，グレーバーも同様に，デリカーピニとキーター（Delli Carpini and Keeter, 1996）に代表される政治科学における政治知識の研究が，現在の社会で実際に導入されている代議制ではなく，古典的な民主主義が理想とした直接統治において必要な知識水準を要求していると批判している．代議制における有権者は「監視する市民」（Schudson, 1998）とでも呼べる存在であり，顕出性の高い争点について専門家の解釈を参考に投票を行う，仲間と話し合う，活動家を支持するといった行動を取ることで，政治が大きく誤らないよう監視することができれば，民主主義社会における役割を十分に果たしているというのである（Graber, 2006）．

　イデオロギーのような抽象的な枠組みによる政策争点の統合という点に関しては，社会心理学における研究，および現実の政治をめぐる評論において批判的な議論が見受けられる．

社会心理学においては，イデオロギーは個々の態度を統合する態度の上位構造として捉えられている（Eagly and Chaiken, 1998; Jost, Federico, and Napier, 2009)[19]．争点態度間の相互制約という観点からいえば，個々の争点態度を結びつける枠組みは，必ずしも保守‐リベラルイデオロギーでなくて構わないはずである．実際に，実験を通じて，イデオロギー的思考を促す操作を行うことで争点態度同士の相関が高まるのは専門知識を持つ参加者だけだが，それ以外の参加者においても，争点態度同士の相関を高める政治的価値が存在することを明らかにした社会心理学の研究が存在している（Lavine, Thomsen, and Gonzales, 1997)．また，池田（1997）は，イデオロギー的な観点から政治を捉えることを前提とした政治的洗練性概念を批判しており，イデオロギー的な観点からはノイズとされかねない有権者の幅広い認知を研究の対象にするべきと主張している．その上で，キャンベルら（Campbell et al., 1960）やコンバース（Converse, 1964）が用いたものと同種の自由回答式の設問から，保革イデオロギー以外の，有権者の認知の構造（政党スキーマ）を析出することに成功している（池田, 1997)．しかしながら，イデオロギー的観点が政治的エリートによって頻繁に用いられることから，少なくとも測定上は，政治的洗練性とイデオロギー的な観点から政治を捉えることがほぼ同義となっているのが現状である．
　一方で，現実の政治においても，時としてイデオロギーによって政治を語ることは教条主義的であると批判されており，イデオロギー的な視点を身に着けることで，それ以外の柔軟な視点から政治を見ることができなくなる危険性についての指摘が存在する．つまり，政治的能力をイデオロギーと結びつけて考えるならば，無知と教条主義とのトレードオフが存在するということである（Friedman, 2006)．さらには，歴史学者のラッシュが厳しく批判しているように，イデオロギーが現実の政治における必要性や一般市民の関心から乖離し，政治的エリートの間でのみ通じる内輪むけで紋切型の論争の道具となってしまっているとすれば（Lasch, 1995)，イデオロギー的な観点から政治を捉えることがで

19）なお，社会心理学においては，イデオロギーを道徳的基盤と結びつける研究（Graham, Haidt, and Nosek, 2009）や動機づけられた社会的認知として捉える研究（Jost, Glaser, Kruglanski, and Sulloway, 2003; Jost, Napier, Thorisdottir, Gosling, Palfai, and Ostafin, 2007; Jost and Amodio, 2012）なども行われている．

きるかどうかが，必ずしも一般有権者の政治的能力を表すとは言い切れない．また，ジャーナリストのディオンヌ（Dionne, 2004）も，イデオロギー的な観点から政治を捉えていない物言わぬ多数派（silent-majority）が政治的に疎外されている政治状況を批判している．現代社会においては，イデオロギーに基づいて政策争点が提示されることは結論の出ない論争をたびたび掘り起こすことによって有権者の分断を促進するのみであり，本来取り組まなければならない政治的課題の解決にはつながらないというのである[20]．

政治知識の多さ（Delli Carpini and Keeter, 1996）やイデオロギー的観点から政治を捉えること（Luskin, 1990）が，実際に政治に対するコミットメントの高さと関連することを示した研究結果の存在を考えても，一般有権者の政治的能力を測定する上でのひとつの手段として，これらが有効であることは間違いない．しかし，上記の議論を踏まえるならば，抽象的なイデオロギーから政治を捉えることができるかどうかという観点のみに基づいて，「有権者の無知」を結論づけるのは早計といえるであろう．

第 1-1 節におけるキャンベルら（Campbell et al., 1960）およびコンバース（Converse, 1964）以降の有権者の政治的能力についての研究のレビューから得られる結論は，政治的洗練性あるいはその一側面である政治知識という尺度に基づいて考えるならば，有権者の政治に関わる能力の水準は低いというものであった．これは民主主義の正統性を脅かす結論であり，選挙研究者たちは 1980 年代以降，有権者の知識や能力の不足を補うさまざまな政治的ショートカットの存在を明らかにしてきた（第 1-2 節）．

ただし，政治知識や能力の不足を補うメカニズムが機能する上でも，前提となる一定量の知識が不可欠であること（Lau and Redlawsk, 2001）を考えると，情報処理のメカニズムに加えて，副産物的政治情報入手という情報のインプット側におけるコスト削減のメカニズムの存在は必須といえる．であるからこそ，第 1-3 節におけるプライアー（Prior, 2005, 2007）の研究における，副産物的政

---

20) 政治学者ではないラッシュ（Lasch, 1995）やディオンヌ（Dionne, 2004）の著作は，Converse（1964）以降の政治的洗練性に関する研究の流れを汲むものではない．しかし，彼らが提起した議論は政治に関わる有権者の能力に関する問いに対して示唆的なものである．

治情報入手はマスメディア中心のメディア環境という特殊な条件に依存している可能性があるという指摘は，看過することのできないものである．したがって，ポプキン（Popkin, 1994）がまとめた副産物的政治情報入手の2つの経路のうち，先行研究において多く取り上げられているマスメディアを通じた経路のみではなく，もうひとつの経路である日常生活における経験についても，これまで以上に取り上げていくべきだといえる．

　一方で，一般有権者が日常生活における経験を通じて政治情報を入手することは，政治的エリートの公的なディスコースとの間に視点の相違を生じさせると考えられる．これは政治的洗練性概念に沿って考えれば，有権者の政治的能力の低さとして捉えられかねない現象である．政治的エリートの公的なディスコースと一般有権者の視点の一致を目標とするならば，日常生活における経験から政治情報を入手することはノイズを生じさせるだけであり，有権者の政治的判断には役に立たないということになる．しかし，これに対しては，第1-4節に挙げた政治的洗練性概念のエリート主義的側面に対する批判の存在を考慮すべきである．第1-4節に挙げた研究は，有権者にとって必要な能力は政治的エリートにとって必要な能力とは異なっており，両者の視点の相違を以って，一般有権者を糾弾する必要はないことを指摘している．これらの指摘を踏まえるならば，一般有権者が政治をどのように捉えているかということを明らかにした上で，政治的エリートとの視点の一致以外の観点から評価を行うべきだといえよう．

　以上の議論を踏まえて，本書においては，一般有権者は政治をどのように捉えているのか，また，その捉え方は有権者が政治的判断を行う上で有用なものといえるのかという点について検討を行う．次章においては，これらの問いに対する回答を試みた先行研究についてレビューを行いながら，フレーム概念および質的研究手法の有効性について議論を進める．

第2章
一般有権者は政治をどう捉えているのか

2-1　質的面接調査を用いた先行研究

　一般有権者はどのような視点から政治を捉えているのかという問いに答えた研究の端緒といえるものは，レーン（Lane, 1962）による15名の有権者を対象とした質的面接調査による研究である[1]．彼が明らかにした知見のうち，一般有権者の政治に対する認知は政治的エリートのように統合されておらず断片的であるという点については，キャンベルら（Campbell et al., 1960）やコンバース（Converse, 1964）による知見と大きく異なるものではない．しかし，自身のアイデンティティー，人間を単位とした組織や社会の理解，権威の所在，陰謀論的な政治的出来事の説明，地域性といったイデオロギー以外の有権者の信念体系の核となる要素を明らかにしたこと，および一般有権者に対する質的面接調査という手法が持つ可能性を示したという点において重要だといえる．それまでは，一般有権者は（量的な）社会調査の対象であり，質的面接調査（インタビュー）は政治的エリートに対する研究手法であったが，これ以後質的面接調査によって，一般有権者が政治を捉える視点を明らかにする研究が行われるようになった．以下に挙げるのはその代表的例である．
　グレーバー（Graber, 1988）は，政治関心やメディアへのアクセスの高低によ

---

[1] 多数の対象者から得られた回答を統計的に分析する量的調査とは異なり，少数の対象者に対して長時間にわたって調査を行うことで，定性的な知見を得る手法である．面接を含む質的研究の利点と欠点については次章3-1-2項を参照．

って群分けされた21名の一般有権者に対して，大統領選挙年の半年間に10回にわたるパネル形式の質的面接調査を行い，有権者が保有する政治についてのスキーマの検討を行った．彼女は，単純化された状況のシークエンス，因果関係のシークエンス，人物に対する判断，組織に対する判断，国家利害と文化規範，人間的興味や共感といったスキーマの次元の存在を明らかにしている．これらの次元を含むスキーマは，断片的であり，論理的には必ずしも一貫性を持つわけではないが，でたらめではなく一定の規則に沿って用いられるものであった．さらには，スキーマを用いた能動的な政治情報の処理は，受動的に政治情報に接する場合に比べて，政治情報入手におけるコストを抑えることを可能にする仕組みとなっていた．

　ギャムソン（Gamson, 1992）は，一般有権者が日ごろ政治に関心を持っておらず，政治と関わるための知識や能力を持っていないとすれば，なぜ多くの人を巻き込んだ社会運動が起こりうるのかという疑問を抱き，37組計188名の有権者を対象としたフォーカスグループインタビュー[2]を用いた研究を行った[3]．彼は対象者にアファーマティブアクション（社会的弱者に対する積極的差別是正措置）・核兵器・アラブとイスラエルの対立・アメリカの産業が抱える問題という4つの争点に対する議論を行わせることで，一般有権者は政治的争点について議論を行うための知識や能力を備えているのか，それともメディアに影響された表層的な議論しかできないのかという点について検討を行った．具体的には，インタビューの最中にメディア情報として4つの争点に関連した政治風刺漫画を提示することで，メディアからのメッセージなどの外的な情報を中心として議論を行うグループ，個人の経験から得た情報を中心として議論を行うグループ，両者を融合して議論を行うグループの割合を調べた．その結果，とくにアファーマティブアクションおよびアメリカの産業が抱える問題という2つの争点においては，自身の経験とメディアからのメッセージを融合した情報を中心として議論を行ったグループがそれぞれ67%，59%ともっとも

---

[2] 少数の対象者に1箇所に集まってもらい，テーマについて自由に議論を行ってもらう質的な調査手法である．個別の回答者の考えだけでなく，議論を通じて形成・表出される発言を研究の対象とすることができる．

[3] なお，対象者が集まった時点でグループが結成されたわけではなく，もともとの知り合い同士のグループが集められた．

多かった.また,アファーマティブアクションにおいては30%のグループが個人の経験を中心として議論を行っており,外的な情報を中心としたグループはわずか4%であった.一方で,核兵器およびアラブとイスラエルの対立についてはメディアなどの外的な情報を中心に議論を行ったグループが多かったが,それでも30%程度のグループにおいては,自身の経験とメディアなどの外的な情報を融合した情報を中心として議論を行っていた.さらには,核兵器およびアラブとイスラエルの対立という2つの争点に対しても,争点が自身の生活に近いと感じている有権者においては,自身の経験とメディアなどの外的な情報を融合した情報を中心として議論を行う割合が増加していた.これらの結果をもとにギャムソン(Gamson, 1992)は,一般有権者の政治についての議論は単なるメディアのコピーではなく,自身の経験とメディアからの情報を組み合わせて政治を理解していると結論づけた.この自身の経験をもとに政治を理解する潜在的な関心が,社会運動の種となるというのである.

　ニューマンら(Neuman, Just, and Crigler, 1992)は,一般有権者が政治ニュースをどのように理解しているかという点に注目して,一般有権者が政治を捉える視点を明らかにしている.彼らは,43名の有権者を対象とした半構造化面接を行い,政治争点に関する個々のニュースが人々の中でどのようにまとめられていくのかを探ることによって,人々に共有された「ニュースがどのように理解されるか」という枠組みを検討している[4].研究の結果明らかになった枠組みは「対立」「道徳性」「経済」「無力感」「人間への影響」の5つであった.また,ニューマンら(Neuman et al., 1992)は,新聞・雑誌・テレビという3つのメディアにおける報道を対象とした内容分析を行い半構造化面接の結果と組み合わせることで,公的なディスコースと一般有権者における政治の捉え方の違いを比較検討している.その結果,一般有権者において見られた5つのフレームはマスメディアの報道(の内容分析)においても確認できるが,一般の人々とマスメディアでは,それぞれのフレームを用いる頻度が大きく異なることが明らかになった.具体的には,マスメディアは,黒人対白人,アメリカ対ソ連[当時]といった対立フレームを頻繁に用いるのに対して,一般の人々が

---

[4] 研究の対象となった争点は,①アパルトヘイト,②スターウォーズ計画(核ミサイルを迎撃する軍事計画),③株価暴落(ブラックマンデー),④薬物乱用,⑤エイズの5つである.

対立フレームを用いることは少ない．一方で，彼らはマスメディアに比べて，道徳性フレームや人間への影響フレームを多く用いており，同性愛に対する神の罰といった道徳論によってエイズを捉え，自身や周囲の人に対する影響の観点からニュースを視聴しているということであった．

これらの研究から得られた知見に共通するのは，一般有権者は，マスメディアから得た情報を自らの経験によって得られた情報と結びつけ，能動的に政治情報を処理する能力を持っているということ，その結果として，一般有権者による政治の捉え方はマスメディアによる報道のカーボンコピーとはなっていないということであった．

2-2　スキーマからフレームへ

前節において述べた3つの研究は，有権者の政治に対する捉え方を明らかにしたという点においては共通している．それにもかかわらず，政治に対する認知の構造を，グレーバー（Graber, 1988）の研究においてはスキーマ，ギャムソン（Gamson, 1992）およびニューマン（Neuman et al., 1992）の研究においてはフレームという異なる語を用いて表現している．この2つの概念はどのような関連を持っているのであろうか．

社会的認知研究においては，スキーマという概念は「記憶に貯蔵された一般的な概念を表現するデータ構造」とされる．外界から得た情報はそのまま保持されるのではなく，構造化されて蓄積されるということである．この定義に沿って考えれば，政治という一般的な概念を表現する知識が記憶に構造化して蓄積されているならば，それを政治に関するスキーマと呼ぶことが可能である．また，政治という概念だけでなく，政党や内閣といった政治を構成する諸要素についても，有権者の記憶内にそれぞれ対応するスキーマが存在していると考えられる．池田（1994, 1997）がJES（Japanese Election Studies）Ⅱ調査の自由回答から析出した「政党スキーマ[5]」，および稲増・池田（2007a, 2007b）がJESⅢ調査の自由回答から析出した「政党スキーマ・小泉内閣スキーマ」は，

5）政党スキーマの理論的な側面については，池田（1991），および池田・西澤（1992）において検討がなされている．

この一例といえよう.

　スキーマ理論によれば,人々は新しい政治情報に対して,まっさらな状態でものを見るのではなく,構造化されたスキーマを動員することで,情報を能動的に処理していくこととなる.接触した政治情報について,スキーマにあてはまる情報を取捨選択し,スキーマに統合していくスキーマ・ベースの政治情報処理においては,接触した情報について逐一処理を行うピースミール処理に比べて,情報処理のコストを低減することが可能となる(Fiske, 1986).ダウンズ(Downs, 1957)の指摘にあるように,有権者が政治参加に対してコストをかけることは合理的ではないということを考えても,こういった情報処理が実際に行われるという蓋然性は高い.それに対してフレームも,「一般的な概念に関する構造化された知識」であり,また,単に記憶内に蓄積されるのみならず,能動的な情報処理プロセスにおいて用いられるという意味では,スキーマと同様の対象を説明する概念だといえる.実際,認知心理学において,フレーム概念は,スキーマ概念の復活,あるいはスキーマ概念を発展・精緻化としたものと考えられている(海保, 2005;都築, 2010).

　以上のように構造化された知識という意味でのスキーマとフレームは,概念上明確に区別されるものではない.しかしながら,政治科学における両概念の扱われ方に注目すると,フレーム概念を扱った研究においてはコミュニケーションという側面がより強調されていることが分かる.

　チョンとドラックマン(Chong and Druckman, 2007)のレビューにおいて述べられているように,フレーム概念においては,個人の思考における政治を捉える枠組みである個人フレーム(Frame in individual または Frame in thought)と,対人的コミュニケーションやマスメディアによる報道における問題の伝え方,用いる言葉,イメージといったコミュニケーションフレーム(Frame in communication)が対置される.前述の通りニューマン(Neuman et al., 1992)は「対立」「道徳性」「経済」「無力感」「人間への影響」という同一のフレームを用いて,メディア報道におけるフレームと一般有権者におけるフレームの利用頻度を直接比較しているが,このような比較を行う上で個人フレームとコミュニケーションフレームという概念の整理が行われていることは有用である.

　スキーマ概念を用いた研究と比べてフレーム概念を用いた研究においてコミ

ュニケーションという側面が強調される理由としては，これらの研究を実施した研究者の違いが挙げられる．1980年代から90年代前半にかけての政治的スキーマの研究は心理学をバックグラウンドとする研究者を中心として行われており，知識の構造や情報処理のプロセスに焦点が当たっていた（e.g. Conover and Feldman, 1984; Lau and Sears, 1986; Lodge and Hamill, 1986)．一方で，1990年代以降の政治的フレームの研究を主導してきたのは政治コミュニケーションの研究者であり，必然的にマスメディアへの接触効果などのコミュニケーションという側面に焦点が当たることとなった[6]．

さらには，政治コミュニケーションの研究者が主体となったことで，フレーム概念は有権者の政治に対する認知という範囲を大きく越えて広がっている．シューファー（Scheufele, 1999）は，個人フレームとコミュニケーションフレームの違いに加えて，これらが独立変数として扱われるか従属変数として扱われるかという違いによって研究の分類を行っている[7]．この分類に沿えば，有権者による政治の捉え方を明らかにする研究は，個人フレームを従属変数とした研究である．しかし，これ以外にも，個人フレームやコミュニケーションフレームを独立変数としてフレームが有権者の政治的認知や行動にもたらす影響を検討する研究，さらには，コミュニケーションフレームを従属変数としたジャーナリストによるフレームの形成過程についての研究が存在している．また，リース（Reese, 2007）は，フレーム概念には，フレームの呈示（フレーミング）による認知的な接触効果のみならず，メディアのヘゲモニーなどの批判理論的な要素が含まれるとしている．これはフレーム概念が対象とする社会現象の範囲が広いことを表す一例であり，政治的エリート同士のフレーミングによる世論形成における主導権争いの過程が，スキーマ概念の対象になるとは考え難い．

基礎研究に近い分野においてはフレームというひとつの概念が多くの異なる対象を指し示すことは概念の定義を曖昧にする原因となりうるため，好ましくないとも考えられるであろう．しかし，少なくとも社会心理学を応用した選挙

---

6) 政治的フレーム研究の具体例については第2-3節において述べる．
7) なお，シューファー（Scheufele, 1999）においては，コミュニケーションフレームではなくメディアフレームという語を用いているが，メディアによる報道だけではなく対人的コミュニケーションの文脈においてもフレームが呈示されること（Druckman and Nelson, 2003）を考えると，コミュニケーションフレームという語の方が適切であろう．

研究，あるいはそれを内包する政治科学においてはフレーム概念の適用範囲が広いことは有用である．とくに，政治的エリートによる公的なディスコースにおける政治の捉え方と一般有権者の政治の捉え方を比較する上では，個人フレームとコミュニケーションフレームが対置されるフレームという概念は有用だといえる．そこで，本書においては，一般有権者による政治の捉え方を検討する上で，スキーマではなくフレームという概念を用い，個人フレームとコミュニケーションフレームの両方をフレームとして扱う．

2-3　政治科学におけるフレーム概念

2-3-1　フレーム概念のバックグラウンド

　政治科学におけるフレーム概念には，社会学と心理学という2つのバックグラウンドが存在している（Pan and Kosicki, 1993; Scheufele and Tewksbury, 2007）．
　社会学におけるフレーム概念の起源は，ゴフマンによる *Frame analysis: An essay on the organization of experience* と名付けられた著作であろう（Goffman, 1974）．彼は，人々は世界のすべてを理解できるわけではないので，自らの経験を使って何とか理解するように努めるが，この自らの経験を組織化した世界を理解するための枠組みがフレームであると述べている．さらには，フレームが異なる他者間において共有されることによって，人々の相互行為が成立するとされる．メディアにおけるコミュニケーションフレームに関する初期の研究としては，タックマン（Tuchman, 1978）によるジャーナリストがニュースを制作する際のフレームについて検討をした研究を挙げることができる．彼は，フレームがニュースにおける意味を創り出すとともに，意味を制限することを明らかにした．文字通りフレームがニュースにおいて取り上げられた事象についての「枠」を決定するということである．この具体例としては，初期のウーマン・リブ運動が政治活動ではなく，奇異な社会ダネとしてフレーミングされたことで，政治的な意味が無力化されたといった出来事が挙げられている（Tuchman, 1978）．
　一方で，心理学とくに認知心理学の分野でも，フレームという概念は人々が

世界の対象について持ち合わせている知識を表現する枠組みとして用いられており，この点においては社会学におけるフレーム概念との間に相違が見られるわけではない．認知心理学におけるフレーム概念の起源とされるのは，認知科学者のミンスキー（Minsky, 1975）による人工知能に関する研究である．彼は人間の知識の表象をコンピューターにおいて再現することを目指し，個別の情報そのものではなく情報が組織化された具体的な認知的要素を示すデータの構造として，フレームという概念を定義した．彼のフレーム概念に関する理論は非常に複雑なものであり，その後の心理学研究においてそのまま用いられていったわけではないが，情報が組織化された知識の表象としてのフレーム概念は受け継がれ続けている（Minsky, 1975）．

　一方で，心理学におけるフレーム概念が社会学におけるフレーム概念と明らかに異なる発展を遂げているのは，同じ情報であっても異なるオプション（フレーム）とともに呈示するとまったく違った結果をもたらすというフレーミング効果の研究においてである．フレーミング効果は，カーネマンとトヴァスキー（Kahneman and Tversky, 1979），およびトヴァスキーとカーネマン（Tversky and Kahneman, 1981）によって明らかにされたものであり，彼らの研究においては，人々はポジティブフレームによって選択肢を呈示されるとリスク回避的，ネガティブフレームによって選択肢を呈示されるとリスク追求的な選択を行いやすいということが示されている．具体例としては，アジアで発生した奇病に対する施策として，A：「600名のうち200名が助かる」，B：「3分の1の確率で600名が助かり，3分の2の確率で誰も助からない」というポジティブフレームによって記述された2つの施策からはAが選択されやすい一方で，C：「600名のうち400名が死ぬ」，D：「3分の1の確率で誰も死なず，3分の2の確率で全員死ぬ」というネガティブフレームによって記述された2つの施策からはDが選択されやすいという「アジア病問題」が広く知られている．

　その後の心理学におけるフレーミング研究においては，上記のフレーミング効果はリスク選択状況におけるリスク選択フレーミングと位置づけられるものであり，それ以外の状況においても属性フレーミング，目標フレーミングといった効果が存在することが明らかにされている（Levin, Schneider, and Gaeth, 1998）．フレーミング効果の研究においては，人々が保有する知識の表象がフ

レームとして定義づけられるだけでなく，フレームを操作の対象として用いることで，異なるフレームの呈示による効果が検討されることが特徴といえる．

2-3-2　政治科学におけるフレームの実例

　社会学と心理学という2つの領域においてそれぞれ発展してきたフレーム概念であるが，政治科学におけるフレーム概念は，社会学・（認知）心理学に共通するフレーム概念の定義および，心理学におけるフレーミング効果の特徴を併せ持つものだといえる．

　「連続的に生じる出来事に意味を与えそれらの関係を組み立てる中心的な構成概念，ないしはストーリー」（Gamson and Modigliani, 1987），「政治を理解するためのレシピ」（Kinder and Sander, 1996），「多様なシンボルの配置を繋ぎあわせて一貫した意味を与えるもの」（Gamson, 1992）といったフレーム概念についての記述は，いずれもゴフマン（Goffman, 1974）やタックマン（Tuchman, 1978），あるいはミンスキー（Minsky, 1975）といった初期のフレーム研究における概念に沿うものといえよう．これらの記述をまとめると，「自らの経験から得られた情報や個別の政治的イベントに関する情報を組織化することによって形成された政治を理解するための枠組み」が，フレームだということである．

　一方で，呈示されるフレームによって人々の政治的態度が異なるということを示した研究は，心理学におけるフレーミング効果研究の系譜上にあるといえよう．たとえば，9.11テロが「戦争」というフレームに基づいて伝えられるか「犯罪」というフレームに基づいて伝えられるかによってアフガニスタン紛争における米軍の行動への賛否が変化する（Edy and Meirick, 2007），「表現の自由」「社会秩序」のなかのいずれのフレームに基づいて伝えられるかによって人種差別集団の集会への寛容性が変化する（Nelson, Clawson, and Oxley, 1997）といった結果を示した研究がこれにあてはまる．

　さらには，特定の争点に関する伝え方の枠組みではなく，報道の一般的なスタイル自体をフレームとして，フレームの違いが有権者にもたらす影響を検討するアイエンガー（Iyengar, 1991）やカペラとジェイミソン（Cappella and Jamieson, 1997）による研究も，同様に心理学におけるフレーミング効果研究の

影響を受けたものといえるであろう．アイエンガー（Iyengar, 1991）は，出来事の背景にある問題を一般化・抽象化された文脈で描くテーマ型フレームと特定の人物・出来事を追いかけるエピソード型フレームの違いが社会問題（治安・貧困・失業・不平等）についての責任帰属に影響を与えることを明らかにしている．カペラとジェイミソン（Cappella and Jamieson, 1997）は，候補者の勝ち負けや権謀術数を強調する戦略型フレームと政策論争を強調する争点型フレームの違いが，政治的シニシズムに影響を与えることを明らかにしている．

　これらの研究は，どのようなフレームが適用されるかによって政治に関連した認知が変化するということを明らかにしたものであり，マスメディアによって呈示されたコミュニケーションフレームの違いが有権者に影響を与えうるということを示している[8)9)]．

2-3-3　政治的エリートによる世論操作とフレーム

　マスメディアによる報道や選挙キャンペーンにおける候補者の演説など，政治的エリートから発せられたメッセージにおけるフレームの違いによって有権者が影響されるという現象は，政治的エリートによる世論操作あるいは大衆操作というイメージにつながる側面を持っている．フレーミング効果の影響を受ける有権者は，ギャムソン（Gamson, 1992）やニューマン（Neuman et al., 1992）のフレーム研究における能動的な有権者像よりは，キャンベルら（Campbell et

---

8）カーネマンとトヴァスキー（Kahneman and Tversky, 1979）やトヴァスキーとカーネマン（Tversky and Kahneman, 1981）が明らかにしたフレーミングは，論理的には等価だが異なる言葉やフレーズが個人の選好に影響を与えるというものであり，このようなフレーミングは政治科学においては等価フレーミングと呼ばれる．一方で，政治科学においてはこれ以外に，争点の部分集合のうち何を強調するかが意見形成に影響を与えるという強調フレーミングが検討の対象となっている（Druckman, 2001; Chong and Druckman, 2007）．エディとメイリック（Edy and Meirick, 2007）やネルソンら（Nelson et al., 1997）が対象としているのは，この強調フレーミングである．

9）フレームの分類はこれ以外にも複数存在しており，たとえばネルソンとウィリー（Nelson and Willey, 2001）による研究対象をもとにした分類においては，フレームは以下の4つに分類される．①集合行為フレーム：社会運動における支持の獲得方法（e.g. Gamson, 1992），②決定フレーム：意思決定への影響（e.g. Tversky and Kahneman, 1981），③ニュースフレーム：メディアがメッセージをどう枠づけるか（e.g. Iyengar, 1991; Neuman et al., 1992），④争点フレーム：特定の争点を報じる際の枠組み（e.g. Nelson et al., 1997）．

al., 1960)やコンバース（Converse, 1964)の研究における無知な有権者像に近いといえるかもしれない．一般有権者が政治を捉えるフレームを保持しており，それに基づいた政治情報の処理を行うこと自体が問題視されることは少ないが，政治的エリートによって呈示されたフレームの違いによって有権者の認知が左右されるというフレーミング効果の存在は，「有権者の無知」を示す証拠となりうるということである[10]．実際，選挙研究・世論研究の分野において，フレーミングという概念はネガティブな文脈で用いられることも多い（レビューは，Chong and Druckman, 2007).

しかし，フレーミングという概念，あるいはフレーミング効果という現象自体は，必ずしも民主主義に対してネガティブなものとは言い切れない．この点に関しては，チョン（Chong, 1993, 1996）による面接調査を用いた研究が示唆的である．彼によれば，有権者がフレーミングの影響を受けるのは，政治に対して無知であるからとは限らない．有権者がフレーミングの影響を受けるのは，ひとつの政策争点に対してある面は賛成だがある面は反対といった形で，賛否両方の態度が同居しているアンビバレントな状態にあるためだということを明らかにしている．また，新しく登場した政策争点については，政治的エリートによって適切なフレームが呈示され，それを有権者が受容することによって，争点についての理解が深まるという側面も存在している（Chong, 1993, 1996).つまり，フレーミングは有権者が政治を理解する上での適切な枠組みを獲得する政治的学習のプロセスとして位置づけられるということである．無知な場合ではなく対象となる争点についての議論に精通している場合（Nelson et al., 1997）や日ごろから政治に注意を払っている場合（Slothuus and de Vreese, 2010）にフレーミングの影響を受けやすいという研究が存在することも，フレーミングは政治的学習としての側面を持っているといえることを示す傍証といえるであろう．

それに加えて，有権者は政治的エリートが示したフレームを自動的に受け入

---

[10] 心理学におけるフレーミング効果研究自体は，人間すべてが持つバイアスについての研究であり，フレーミングの影響を受ける人々を無知とみなすものではない．したがって，政治科学においてフレーミング効果研究が用いられる際に，元の心理学における研究とは異なる意味合いが付与されているケースがあることに注意する必要がある．

れるのではなく，彼らなりの解釈との相互作用が存在するという点（Kinder, 2007）も考慮する必要がある．ドラックマンとネルソン（Druckman and Nelson, 2003）による金融改革における「特殊権益の制限」と「表現の自由の制限」という2つのフレームについて，有権者の先有態度がフレーミング効果を弱めるという研究はこのことを示唆する一例といえよう．また，有権者がフレーミングに対して「抵抗」するだけでなく，世論が政治的エリートのフレームに対して影響を与える過程も存在している．この過程は，エントマン（Entman, 2004）による外交政策についてのフレーム研究の中で示された，フレームの活性化が政治的エリートからメディアを通じて有権者へと滝状に伝達していく滝流れモデル（cascade model）において記述されているものである．滝流れモデルにおいては，政府におけるフレームから政府外の政治的エリートやメディアを通じた有権者におけるフレームへという影響過程に加えて，有権者（世論）がメディア，政府外の政治的エリート，政府に影響を与えるという滝を遡る過程についても理論化がなされており，それにあてはまる事例について検討が行われている．

　以上のように，有権者がフレーミングの影響を受けるのは無知だからとは限らない．政治的エリートによって呈示されたフレームを一般有権者が受容することは政治に対する理解を深める政治的学習としての側面を持つ，一般有権者のフレームが政治的エリートのフレームに影響を与える可能性が存在するという3点を考慮に入れれば，フレーミングは民主主義にとってポジティブなものともなりうるのである．

　第2-1節で挙げた一般有権者がどのように政治を捉えているかを検討した先行研究において明らかにされてきたことは，一般有権者による政治の捉え方はマスメディアのひきうつしとはなっておらず，有権者は能動的な情報処理を行っているということである．これらの先行研究においては，有権者の政治に対する知識の構造をスキーマあるいはフレームという概念を用いて表している．中でもフレーム概念は，有権者個人の認知（個人フレーム）だけでなく，メディアや対人コミュニケーションにおける表現の構造（コミュニケーションフレーム）を分析するという目的においても多く用いられており，この点は政治的

エリートの公的なディスコースと一般有権者の比較を行う本書において有用だといえる（第2-2節）．

また，第2-3-1項で述べた通り，政治科学におけるフレーム概念には社会学と心理学という2つのバックグラウンドが存在している．「自らの経験を組織化した世界を理解するための枠組み」という社会学者ゴフマン（Goffman, 1974）の定義は心理学におけるフレーム研究にもあてはまるものであるが，同じ情報であっても異なるオプションとともに情報を呈示することでまったく異なる結果を生じさせるというフレーミング効果の存在は，心理学におけるフレーム研究の特徴といえる．第2-3-2項において示した実例からも分かる通り，フレーミング効果の存在は政治科学におけるフレーム研究においても重要だといえよう．

なお，政治的エリートが示したフレームによって有権者の政治的程度が変わるというフレーミング効果は，エリートによる世論操作としてネガティブな文脈で捉えられる場合も多い．しかし，第2-3-3項で見てきたように，フレーミング効果を扱った研究においても有権者の能動性を示す知見は示されており，一概にネガティブなものとは言い切れない．本書においてもフレームあるいはフレーミング効果を民主主義にとってポジティブな影響をもたらしうるものとして扱う．

以上の先行研究におけるフレーム概念の特徴を踏まえた上で，次章においては本書におけるフレームの定義づけとともに，本書が課題とする検討範囲について述べる．

第3章
政治を語るフレームをいかにして研究するか

3-1　本書の射程

　これまでの有権者の政治に関わる能力，一般有権者による政治の捉え方，社会学・心理学の影響を受けた政治科学におけるフレーム概念についての議論を踏まえた上で，本書において検討を行う課題について述べる．

3-1-1　一般有権者独自のフレームの検討

　社会学におけるフレーム研究の起源といえるゴフマン（Goffman, 1974）は，フレームを「自らの経験を組織化した世界を理解するための枠組み」と定義したが，本書においては「世界」の対象を政治に限定し，有権者が政治を捉える枠組み＝フレームを明らかにすることを目的とする．「理解する」と「捉える」は類似した意味を持つ語であるが，人によってあるいは状況によって適用されるフレームが異なるという側面を強調するため，本書においては「捉える」と表現する．

　政治に関していえば，フレームの形成においてはジャーナリストによって制作されたニュース，政治家による演説など，政治的エリートによって発信された情報が重要な役割を果たすことは疑いようのないことであろう．しかしそれだけでなく，ダウンズ（Downs, 1957）およびポプキン（Popkin, 1994）による副産物的政治情報入手についての議論にも見られるように，政治的エリートを介

さない日常生活における経験も政治情報を提供しており，フレームの形成に影響を与えている．プライアー（Prior, 2007）が示しているように，メディア環境の変化によって多くの有権者にとってメディアを通じた副産物的政治情報入手の機会が減少するとすれば，フレーム形成において，日常生活における経験からの政治情報入手の重要性は相対的に高まると考えられる[1]．

日常生活の経験から情報を入手することは，一般有権者が政治を捉えるフレームと政治的エリートによる公的なディスコースにおけるフレームとの不一致をもたらす原因となりうる．政治的エリートにおいては，保守 - リベラルイデオロギーがもっとも頻繁に用いられるフレームである一方で，一般有権者においてはこのフレームがあまり用いられないという知見は（Campbell et al., 1960; Converse, 1964; Neuman et al., 1992），このことを示す代表例といえよう[2]．一般有権者と政治的エリートによる公的なディスコースにおけるフレームの間に相違が存在することは，有権者の政治に対する理解を阻害し，結果として有権者の政治的関与を引き下げる可能性を孕んでいるため，社会的にも看過できない問題である．

これに対して，政治的洗練性の研究においては，あくまで一般有権者が政治的エリートと同様の視点を獲得することが理想とされる．確かに，一般有権者が政治的エリートによる公的なディスコースにおけるフレームと同様のフレームを獲得することは，政治的学習としての側面を持っており，一概に否定されるべきものではない．しかし，社会的分業が高度に進行した現代社会においては，一般有権者は政治については「素人」かもしれないが，他の分野において

---

1) もっとも，プライアー（Prior, 2007）が選択肢の増加をもたらすメディアとして挙げているケーブルテレビとインターネットのうち，後者については副産物的政治情報入手の機会を提供する可能性もあると考えられる．たとえば Facebook や twitter を使うことによって，政治とはまったく関係ない活動を通じて形成された友人・知人の政治的な発言に，意図せずして接触する機会が増えるということは十分に想定される．この点については，今後のメディア環境の変化がもたらす影響を注視していく必要がある．
2) 1960 年代に発表されたキャンベルら（Campbell et al., 1960）やコンバース（Converse, 1964）の研究においては，フレームという概念は用いられていないが，ニューマン（Neuman et al., 1992）は，保守 - リベラルイデオロギーをフレームのひとつと位置づけている．確かに，キャンベルら（Campbell et al., 1960）やコンバース（Converse, 1964）が研究の対象とした信念体系は，有権者の政治的認知が組織化されたものであり，これをフレーム概念に内包することも可能であろう．

は政治的エリート以上の知識を持つという事態も遍在しており，政治的エリートのフレームのみを正解とすることは政治不信を招きかねない．また，エントマン（Entman, 2004）の滝流れモデルにおいて表現されているように，一般有権者のフレームは，政治的エリートに対しても影響力を行使する可能性を持っており，一般有権者が政治的エリートによる公的なディスコースとは異なる独自のフレームを持つことも，民主主義社会において重要な役割を担っているのである．

　以上のことを踏まえると，ギャムソン（Gamson, 1992）やニューマンら（Neuman et al., 1992）が行ったような研究は日本においても行われるべきである．政治的エリートによる公的なディスコースにおけるフレームとは異なる一般有権者のフレーム，つまりは有権者が日常生活における経験から得た情報をもとに形成されたフレームの詳細を明らかにする研究の重要性は高いといえよう．しかしながら，日本においては，フレームという概念を用いるかどうかにかかわらず，一般有権者独自の政治の捉え方を明らかにするという観点に立った研究自体は，非常に少ないのが現状である．前述の政党スキーマに関する研究（e.g. 池田，1997）を除けば，日本の実証的選挙研究の最初期における三宅・木下・間場（1967）による研究など，非常に限られた例が存在しているのみである．さらには，一般有権者を対象として質的面接調査を行った研究は管見の限り存在していない．そこで本書においては，質的面接調査や自由回答形式の質問項目の分析といった質的分析手法を用いて，日本の一般有権者が政治を捉えるフレームを明らかにすることを目的とする．

3-1-2　質的研究と量的研究の融合

　前述の通り，「一般有権者はイデオロギー以外のどのような視点から政治を捉えているのか」という問いに対する答えを考える上では，質的面接調査あるいは自由回答形式の質問項目を用いた質的な研究手法が有効である[3]．しかし，質的研究・量的研究というそれぞれの研究手法には当然のことながらメリットとデメリットの両方が存在する．本節ではこれらについてまとめることで，両者の欠点を補う方法について考える．

選挙研究におけるもっとも一般的な研究手法はランダムサンプリングに基づく社会調査であり，中でも，選択式（closed-ended）の質問項目を用いた量的な分析が研究の中心となる．この研究手法は，多様な社会属性を持った人々を対象にできる点，分析の再現性が高い点が非常に有用だといえる．人々の政治的態度や行動は年齢，居住地域，教育程度，職業などのデモグラフィック要因[4]によって影響を受けることが知られており（Krosnick, Visser, and Harder, 2009），政治を対象とする分野においては，サンプルの多様性と代表性が社会心理学の他の分野に比べて重要視される[5]．そのため，社会調査手法は選挙研究の方法論において主たる地位を占めるに至っている．また，主要な社会調査のデータは，アメリカのICPSR（Interuniversity Consortium for Political and Social Research）や日本のSSJDA（Social Science Japan Data Archive）などのデータアーカイブに保存されており，調査主体以外の研究者による二次利用が可能であることから，分析結果に対する再検討も容易である．これによって，同一のデータをもととした研究者同士の議論が可能となる点も社会調査手法の大きな利点といえる．

　しかし，一般有権者が政治をどのように捉えているのかという問題を検証する上では，社会調査における選択式の質問項目を用いた量的分析には限界がある．なぜなら，選択式の質問項目を作成する上では，政治をどう捉えるかという枠組みを研究者が決定することが求められるからである．政治を専門とする研究者は一般有権者よりは政治家やジャーナリストといった政治的エリートに

3）なお，キャンベルら（Campbell et al., 1960）やコンバース（Converse, 1964）の研究においても，自由回答形式の質問が用いられており，多くの有権者がイデオロギー概念を用いないというだけでなく，イデオロギーを用いない有権者の多くが政治を理解する上で用いていたのは「集団」だということが明らかになっている．ここから，政党帰属（Party ID）を中心として投票を説明するミシガンモデルや，人種をもとにした投票の研究（Kinder and Sander, 1996）へとつながる．ただし，日本においては，アメリカにおける"Democrat"や"Republican"といったように自分のアイデンティティーを政党と結びつける有権者が少ない，人種対立が中心的な争点とはなっていないなど，状況が異なると考えられる．

4）人口統計学的要因をデモグラフィック要因と呼ぶ．

5）ただし，多様なサンプルの確保が比較的軽視されてきた偏見研究など社会心理学の他の分野においても，学生サンプルを対象とした研究結果が抱える問題点の指摘や，研究において学生以外のサンプルを取得したことの価値を認めるべきだという主張は存在している（Sears, 1986; Henry, 2008）．

近い存在であり,彼らの視点も政治的エリートの視点に近い可能性が高い.もちろん,質的分析手法であっても,質問項目の作成や分析は政治を専門とする研究者によって行われる以上,完全に政治的エリートの視点から自由であるとはいえないが,相対的に一般有権者独自の視点を明らかにできる面が強いことは利点といえよう.知見の一般化可能性や分析の再現性においては量的な分析手法に劣ることは否めないため,質的分析のみですべてを完結させるべきとはいえないが,少なくとも研究のスタート地点においては質的分析手法を取り入れることが有効だと考えられる[6].

一方で,サンプリングや統計的仮説検定などの明確な手続きを踏む量的研究に対して,質的研究においては厳密な方法を設定することが難しく,質的研究は研究者個人のいわば「職人芸」に左右される側面を持っている.そのため,知見の蓄積や再検証が難しい,分析結果の解釈に恣意性が伴うといった批判が繰り返されることとなる.キングら (King, Keohane, and Verba, 1994) のように量的研究の観点から質的研究を捉えなおすことを通じて,質的研究の方法論を洗練させようとする試みがなされてはいるものの,統一的な方法論が定められるには至っていない[7].そのため,質的研究は科学として認められないといった厳しい批判も見受けられる[8].

本書においては,質的研究手法は有効なものであると考えるものの,その限界についても否定はしない.1990年代に質的面接調査を用いて有権者のフレームを検討する重要な研究がいくつも行われたが (e.g. Chong, 1993, 1996; Gamson, 1992; Neuman et al., 1992),その後,こういった研究が行われなくなったのは,研究にかかる労力が大きいという理由に加えて,方法が厳密でないた

---

6) 社会科学においてインタビュー調査等の質的研究を行って取得したデータをもとに理論を生成する研究法としては,グレイサーとストラウス (Glaser and Strauss, 1967) によるグラウンデッド・セオリー・アプローチが広く知られている.
7) キングら (King et al., 1994) による研究は,あくまで量的研究を基準に質的研究における方法論を定めようとするものであり,必ずしも,質的研究を専門とする研究者の多くに受け入れられているわけではない.
8) 逆に質的研究者からの量的研究への批判として,要素還元主義では複雑な対象の全体像を理解できない,量的研究における結果の解釈も恣意性から完全に自由ではない,価値判断を挟まず客観中立的な立場を過度に貫くことは,無批判な現状肯定につながるといったものが存在する.

め，研究結果の再検証や知見の蓄積が困難であったということを挙げざるをえないであろう．

そこで本書では，質的研究手法だけでなく，量的研究手法を組み合わせることで，統計的に検証可能な知見を明らかにすることを目的とする．このように，質的研究と量的研究を組み合わせる手法は，マルチメソッドあるいは混合研究法と呼ばれており[9]，近年，心理学・教育学・看護学といった特定の学問分野の枠を超えてその地位を確立しようとする動きも見られる（Creswell and Plano Clark, 2007）．本書において量的研究手法を用いるにあたっては，前述の心理学的なフレーミング効果研究を参考にしながら，以下のようにフレームを定義づける．一般有権者が政治を捉える枠組みは単一ではなく，有権者間で異なるフレームが存在する，あるいは有権者内に異なる複数のフレームが存在していると考える．その上で，適用されるフレームによって政治的態度や行動に違いが見られるフレーミング効果の存在を仮定する．具体的には，質的研究手法を用いて明らかにされた一般有権者が政治を捉えるフレームを量的研究手法において検証可能な形で記述し，有権者が保持するフレームの違いがもたらす効果，および，特定のフレームを呈示した場合の効果について検証するという手順を踏む．

3-2 研究の妥当性

3-2-1 フレームの測定方法

本書においては質的手法と量的手法を組み合わせたマルチメソッドを採用するが，異なる測定手法を組み合わせることは，終始一貫したフレームの定義を適用することを困難にするという欠点を孕む．ヘルトフとマクラウド（Hetrog and McLeod, 2001）が，フレーム（フレーミング）という極度に開放性の高い概念がもっとも創造的なメディア分析を導くという可能性と，研究成果や方法論，理論的結論が蓄積しにくいという限界の両方を指摘しているように，フレ

---

[9] ニューマンら（Neuman et al., 1992）も質的研究と量的研究の手法を組み合わせた研究であるが，実験などの量的研究の主眼はマスメディアへの接触がもたらす効果にあった．

ームという概念の多様性と対象領域の広がりは，利点と欠点を併せ持つものである．「創造的」というのは抽象的な利点であるが，ワトソン（Watson, 2007）による「フレーム概念の多様性や曖昧さ，つまりは定義や使用におけるある程度の柔軟性が存在することが，メディアの適切なメタファーとなっている」という主張は，より明確に利点を示しているといえよう．メディアによるニュースの伝達という政治家，ジャーナリスト，視聴者が複雑に関わる現象の全体を研究の対象とするためには，フレーム概念の多様性が必要だということである．

　本書の対象はメディアにおけるフレーム（コミュニケーションフレーム）のみに限定されるわけではないが，これらの議論は本書におけるフレームの測定について考える上で重要なものである．本書が対象とする政治行動の分析という分野は，社会心理学の中でも応用的側面の強い分野であり，実際の現象をあくまで理論を検証するための素材と考えるのではなく，現象自体を研究の対象とすることが求められる分野である．そのことを考慮した上で，本書においては各手法を用いる際の内的妥当性には可能な限り配慮しながらも，定義・測定の一貫性の保持を絶対条件とするのではなく，多様な手法を用い，それぞれの研究においてフレームの異なる側面を捉える．それによって，複雑な政治的コミュニケーションの実態を描くとともに有権者は政治をどう捉えるのかという問いに対するひとつの答えを導くことを目指す．

3-2-2　フレームの説明力

　選挙研究においては，政治参加や選挙における投票先の決定に対して影響を与えることが古くから知られている要因が数多く存在している．たとえば，後援会に加入していれば選挙で投票を行う可能性が高い，日ごろから支持する政党に対しては選挙においても投票する可能性が高い，都市部在住であれば革新政党，農村部在住であれば保守政党に投票する可能性が高いといったものである．本書で扱うフレームの影響は，説明力の大きさという観点においてはこういった諸要因に比べて必ずしも大きいとはいえないであろう．しかしながら，デモグラフィック要因や政党支持といった変数の政治行動に対する規定力が低下し心理的変数の影響力が強まる政治の心理化（池田，2007a；稲増，2007）が進

行する日本の現状において，これらの伝統的な政治学的変数以外の説明要因を探ることは重要である．また，政治状況の変化をもたらすのは，常に投票所に足を運び同じ政党に投票する有権者ではなく，毎回投票に行くとは限らない有権者や投票先を変更することのある有権者であることを考えても，一貫した強い説明力がすでに確認されている変数以外の変数についての検証を行うことは有用だと考えられる[10]．

3-3 本書の概要とデータ

3-3-1 実証研究の構成

本書においては第4章から第8章までがデータを用いた実証的な検討を行う章となるが，第4章と第5章が第Ⅱ部，第6章から第8章までが第Ⅲ部という形でさらに2つに分かれている．前述の通り本書の目的は一般有権者が政治を捉えるフレームを明らかにすることであるが，「政治」という概念は極めて多義的なものであり，人によって政治という言葉や政治的な事象に接した際に活性化されるフレームは大きく異なると考えられる．一方で，「政治」という言葉自体が日常生活やメディアの報道において用いられる場面は決して少なくない．「政治」という言葉に対して異なったフレームを用いて理解したままに政治的議論が進められるとすれば，それが原因でコミュニケーションが阻害されること，両者の間で葛藤が生じることは十分に考えられる．とくに，政治的エリートと一般有権者の間においてそのような現象が恒常的に起こっているとするならば看過できない問題だといえよう．したがって，一般有権者が政治を捉えるフレームについて明らかにすること，具体的には類型化を伴って整理することは意味のあることだと考えられる．政治という対象について一般有権者がどのように捉えているのかという本書における主題は，第Ⅱ部において直接検

---

[10] 付け加えるならば，現在の日本の衆議院において導入されている小選挙区制は，わずかな得票の差が大きな議席の差を生む選挙制度であり，この点からも，たとえ従来から扱われてきた政治学的変数に比べて説明力が小さいとしても，その変数を無視すべきではないといえる．

討されるものである．

　それに先立って，第Ⅰ部においては，政治を構成する多様な要素の中でも政策争点という対象に焦点を絞った上で分析を行う．一般有権者独自の視点を明らかにするという本書の目的に鑑みて，政治的エリートと一般有権者の比較を行うことは不可欠といえるが，政治的エリートが政治という対象について保有する情報量は一般有権者と比較できないほど膨大であると考えられるため，両者のフレームを直接比較することは困難である．したがって，第Ⅰ部においては政策争点という対象を定めた上で分析を行う．選挙研究におけるフレーム研究の多くで具体的な政策争点が対象となっており（e.g. Berinsky and Kinder, 2006; Neuman et al., 1992; Edy and Meirick, 2007; Nelson et al., 1997），数量的な分析を用いた研究における知見がすでに蓄積されていることが，政策争点を対象とする利点である．

　なお，政治を構成する要素のうち，本書において政治的エリートと一般有権者の比較に際して扱う具体的な内容は政策争点のみであるが，政策争点以外の対象を取り出して政治的エリートと一般有権者におけるフレームの相違について数量的に検討するといった研究は，今後行っていくべきものである．

3-3-2　各章の概要とデータ

　第Ⅱ部にあたる第4章と第5章は，一般有権者と政治的エリートによる公的なディスコースにおけるフレームの相違についての検証を行うものである．これらの研究においては，フレームの内容を明らかにするとともに，統計的な検定によって知見の妥当性を検証するため，テキストデータを計量的に分析する手法を用いた[11]．フレームの析出は，コンピュータープログラムによって文章を切り分け，キーワードを取り出すことに依っている．これは，ケルシュタット（Kellstedt, 2003）が平等主義的フレームを析出する際に，「公正さ」「法の下の平等」といったフレームを特定するキーワードをコンピュータープログラム

---

11) 本書における分析は仮説検証型のものだが，テキストデータの計量的分析手法を通じて探索的検討を行う手法は，テキストデータマイニングあるいはテキストマイニングと呼ばれている（Hearst, 1999）．

によって抽出したのと同様の手法である．ただし，キーワードをコンピュータープログラムによって抽出することは分析の恣意性を低減させることができる一方で，フレームそのものではなくその存在を示すキーワードを分析に用いることによって情報量は低下せざるをえない．そこで，第4章においてはキーワードの生起の有無を表す数量データに対してカテゴリカル主成分分析を行うことで語の連関を考慮した分析を行い，第5章においては用いられたキーワード全体の一致率の比較を行うなど，個々のキーワードを分析の単位としない分析も行っている．

第4章では，2007年参議院議員選挙時における政策争点を対象として，一般有権者（社会調査における自由回答）・国会会議録・新聞報道の3者を比較することで，フレームの相違の実例を示す．この章において用いるデータは，2007年7月27日から7月29日までの3日間にわたる3波のインターネットパネル調査において取得された数量データ，および以下の3種類のテキストデータである[12]．

(1) インターネットパネル調査の初日に取得された「もっとも重要な争点」と「それに対する意見」を述べる自由回答
(2) 国会会議録データベースから抽出した2007年1月25日から7月5日の第166回国会の会期中の議員による発言
(3) 2007年7月1日から7月31日までの読売，朝日，毎日，日経，産経，北海道，中日の7紙における報道

第5章では，まず2005年衆議院議員選挙の事前・事後に取得されたJES Ⅲ（Japanese Election Studies Ⅲ）データ（8波・9波）を用いて，政策争点ごとの政治情報入手の情報源の相違（マスメディアと日常生活において築かれた対人的ネットワーク）についての検証を行う．さらには，2007年参院選時の憲法争点と年金争点における，一般有権者と政治的エリートによる公的なディスコース（マスメディア報道）とのフレームの一致度の違いを明らかにする．こ

[12) なお，これらのデータは，平成18-20年度文部科学省科学研究費補助金による「世界規模の社会参加・民主主義・社会関係資本指標の日本データ取得による分析研究」（代表：池田謙一　課題番号18203033），および平成19年度国立情報学研究所の企画型共同研究（代表：小林哲郎）の一部として取得された．

れらの分析は，日本人のイデオロギーは安全保障と旧体制への態度を軸として形成されており，イデオロギーが多様化した現代においてもその規定力は強いとする蒲島・竹中（1996）の知見に対して，争点の直接経験性の違いが政治的エリートによる公的なディスコースと一般有権者におけるフレームの一致度に影響しており，これが，保革イデオロギーとして統合されやすい争点とそうでない争点の違いを生じさせているという別解釈の可能性を検討するものである[13]．

　第Ⅲ部にあたる第6・7・8章では，有権者が政治を捉えるフレームの内容の詳細にまで踏みこむとともに，フレームが有権者の政治的態度・行動にもたらす影響について検討を行う．

　第6章では，インターネット調査会社の登録サンプルから抽出された1都3県に在住する20歳以上の男女24名を対象とした質的面接調査によって，一般有権者が政治を捉えるフレームを明らかにする．対象が24名と少ないため，量的な分析を行うことはできないが，一人あたり1-2時間という長時間のインタビューを行うことで，有権者が政治を捉えるフレームの詳細について質的な検討を行う．

　第7章では，前章において明らかになった一般有権者が政治を捉えるフレームの存在を選挙人名簿からのランダムサンプリングに基づく郵送調査によって確認するとともに，有権者のフレームと政治的態度・行動との関連について検証を行う[14]．

　第8章では，近年選挙研究の分野において広がりを見せている実験形式のインターネット調査（Mutz, 2011）によって，異なるフレームを呈示した際の政治的態度の変化について検証を行う．具体的には，第6章における面接調査の結果を参考にして作成した「抽象的な観点から政治を描いたフレーム」と「有権者の私的生活空間と結びつけて政治を描いたフレーム」を呈示することで，

---

[13] 第5章において用いられたデータは，JES Ⅲ プロジェクト研究：平成13-17年度文部科学省科学研究費特別推進研究「21世紀初頭の投票行動の全国的・時系列的調査研究」（池田謙一・小林良彰・平野浩　課題番号 13001001）において取得されたデータ，および第4章で使用したテキストデータのうち，インターネット調査の自由回答と新聞報道のデータである．

[14] 第6章および第7章において用いられたデータは，平成20-21年度日本学術振興会特別研究員奨励費（代表：稲増一憲　課題番号 08J09575）によって取得されたものである．

表 3-1　各章のデータ取得時における政治年表

年	月	首相	出来事	本書における章
2005	8	小泉純一郎	郵政民営化法案が参議院で否決	第5章
	9		第44回衆議院選挙：自民党圧勝	
	10		郵政民営化法案が可決・成立	
2006	9		安倍晋三内閣発足	
	12		改正教育基本法成立	
2007	2	安倍晋三	年金記録問題発覚	第4章 第5章
	3		松岡利勝農水相，光熱水費問題	
	5		日本国憲法の改正手続に関する法律成立	
	6		赤城徳彦農水相，事務所費問題	
	7		第21回参議院議員選挙：自民党惨敗，民主党参議院の第一党になり，衆院と参院の多数派が異なるねじれ国会に	
	9	福田康夫	福田康夫内閣発足	
	11		福田・小沢による会談で「大連立」構想，民主党役員会の反対で拒否	
2008	1		新テロ特措法施行	
	9	麻生太郎	麻生太郎内閣発足	
	11		2兆円の定額給付金の支給決定	
2009	3		西松建設からの違法献金問題により民主党小沢代表の公設秘書が逮捕	第6章
	9		第45回衆議院議員選挙：民主党圧勝，政権交代へ	第7章
	9	鳩山由紀夫	鳩山由紀夫内閣発足	
2010	3		子ども手当て法・高校無償化法成立	
	5		普天間基地県外移設断念	
	6	菅直人	菅直人内閣発足	
	7		第22回参議院議員選挙：民主党惨敗，ふたたび衆院と参院の多数派が異なるねじれ国会へ	
	9		尖閣諸島中国漁船衝突事件	
			民主党代表選で菅首相が再選	
2011	9			第8章

その影響を検討する[15]．第7章および第8章はともに，第6章において明らかになった一般有権者が政治を捉えるフレームの違いが，政治的態度・行動とどのように関連するのかを検討するものである．ただし，第7章において検証を行うのは，有権者が保持しているフレームと政治的態度・行動との関連であり[16]，第8章において明らかにされるのは，呈示されたフレームの違いがもたらす影響である．また，前述のフレーム概念に関する語を用いて表現すれば，それぞれ第7章は個人フレーム，第8章はコミュニケーションフレームについて検討したものだといえよう．なお，年表（表3-1）は，データ取得時における首相および本書に関連した政治的出来事を示したものである．

---

15) 第8章において用いられたデータは，平成22-23年度日本学術振興会科学研究費研究活動スタート支援（代表：稲増一憲　課題番号22830089）によって取得されたものである．
16) 第7章においては変数間の因果関係を仮定する共分散構造分析を用いているが，横断的データに対して共分散構造分析を用いることで，因果関係を特定できるわけではない．

第Ⅱ部
政治的エリートによる公的なディスコースと一般有権者のフレームの比較

第4章
年金争点についてのフレームの比較：2007年参院選を対象に

4-1 研究の背景：2007年参院選とはどんな選挙だったのか

　本章は[1]，政治的エリートによる公的なディスコースと一般有権者においてフレームが異なっていた実例として，2007年参院選における年金争点を取り上げるものである．

　2007年参院選最大の争点は，年金記録漏れ問題によって注目を集めることとなった年金であり，相次ぐ閣僚の不祥事によって注目された政治とカネの問題とともに，野党勝利の大きな要因となったとされる．確かに，当時の民主党の小沢代表は党首討論の中で参院選を「年金信任選挙」と位置づけるなど選挙戦において年金争点を重視しており，新聞社が選挙前に行った世論調査において3分の2程度の有権者が「重視したい政策や争点」として年金を挙げていたこと（『読売新聞』2007年6月29日）を考えても，この言説は妥当であるように思える．また，自民党による参院選の総括においても，「戦後レジームからの脱却」といったフレーズで表されるような憲法改正や教育問題といった争点が国民に伝わらず，年金問題などを中心に訴えた「生活が第一」という野党のキャンペーンに主導権を奪われるという争点設定の失敗が，敗北の一因となったということが述べられている．それに対して，立脚するイデオロギーの左

1）本章の内容は，『選挙研究』24巻1号に掲載された「テキストデータから捉える2007年参院選」（稲増・池田・小林，2008）をベースとして，大幅な加筆・修正を行ったものである．

右を問わず「年金を政争の具にすべきではなかった」といった形での批判が見られたが（e.g.『金曜日』2007年6月29日；長田，2007；中西，2007），これらの批判の存在も政治的エリートの多くが2007年参院選における争点が年金であったとみなしていたことの表れといえよう．

　では，「年金が争点」とはどのようなことを意味していたのであろうか．二大政党である自民党・民主党の参院選マニフェストを見比べてみると，年金記録漏れ問題への対応については，両党とも社会保険庁の廃止・解体を明記しており，問題の再発を防止するため「ねんきん定期便（自民党マニフェスト）」「年金手帳（民主党マニフェスト）」といった国民が年金記録を確認しやすい仕組みを作ることなど，大筋としての違いは見られない．この問題に関して特徴的な相違点を挙げるとすれば，自民党マニフェストおいては，社会保険庁の廃止・解体に関して「労働組合のぬるま湯体質を一掃」という文言が含まれていることである．また，民主党マニフェストにおいては，年金記録漏れ問題への対応のみならず，民主党がかねてから主張してきた国民年金を含めた年金の一元化および基礎年金部分を保険料ではなく消費税でまかなう政策が記載されている点が，大きく異なっているといえよう[2]．

　以上のマニフェストの記述の違いを踏まえた上で「年金が争点」ということについて考えてみよう．参院選においては，年金記録漏れ問題の責任の一端を労働組合に帰するかどうかといったイデオロギー的な相違が有権者の投票を分ける争点となったのであろうか．それとも，国民年金を含めた一元化か被用者年金のみの一元化か，あるいは現行の保険料に基づく年金制度を維持するのか消費税を財源とする基礎年金の制度を導入するのかといった年金制度改革の内容が争点となったのであろうか．「年金が争点」ということが，これらのいずれか，あるいはそれ以外の内容を表していたのかについては，新聞社の世論調査の結果のみからは分からない．本章では，有権者・マスメディア・国会議員といった対象の異なる複数のテキストデータを用いて，一般有権者が参院選の争点をどのように捉えていたのか，それが政治的エリートによる公的なディスコースにおける捉え方とどのように異なっていたのかという点について検討す

---

[2] なお，自民党マニフェストにおいては，被用者年金（厚生年金・共済年金）のみ一元化することが記載されている．

る．

4-2　方法：計量テキスト分析によるフレームの検討

　選挙研究において有権者の争点の捉え方を明らかにする手法としてもっとも一般的なものは，研究者が列挙した争点に対する立場を尋ね，因子分析によってそれらの背後にある構造を明らかにするというものである．この種の分析は，1967年のミシガン調査から2012年に終了したJES Ⅳ調査に至るまで，全国規模の選挙調査データを対象として絶え間なく行われており，有権者の争点態度の背後にある対立軸の変化に関する知見が蓄積されている（平野，2005, 2007；蒲島・竹中，1996；蒲島，1998；竹中，2008）．これらの研究が大きな価値を持つのは，全国規模の調査において30年にわたって争点に関する（完全に同じではないものの）同様の質問が継続して行われているためである．研究を概観することで，日本における争点対立軸の変化を長いスパンで把握することが可能となる．

　一方で，こういった手法には，個々の選挙における争点の構造を分析する上で不十分な点も指摘できる．争点に関して同様の質問を継続して繰り返すことは，時系列的な変化を見る上では有用であっても，当該の選挙における特徴的な争点や，その構造を見逃す可能性がある．もちろん，選挙調査においては継続的な項目に加えて，その時々の選挙状況に応じた質問項目が含まれることが一般的であり，個々の選挙に対する分析が軽視されているというわけではない．しかし，選挙調査は日々状況が変化する選挙戦と並行して行われるものであり，研究者がリアルタイムに争点の構造を理解した上で設問を作成し，調査を行うことは容易ではない．ましてや，政治的エリートによる公的なディスコースと一般有権者における争点の捉え方が異なっている状況において，その相違までを捉える質問項目を設計するということは，ほぼ不可能といえるであろう．前述の通り，政治を専門とする研究者は一般有権者よりは政治的エリートに近い存在であることから，研究者によって作成された質問項目は政治的エリートによる公的なディスコースの内容を反映したものとなる可能性が高い．

　以上のことを踏まえた上で，政治的エリートによる公的なディスコースと一

般有権者におけるフレームの違いを検討するためには，研究者によって構造化されていないデータを用いることが必要である．また，それとは別に，両者のフレームの比較を行うという研究目的に沿うためには，なるべく同一の基準をもって異なる対象を分析することが求められる．これらを同時に満たす手法として，本章においてはテキストデータの計量分析を用いる．

分析にあたっては，構造化されていないテキストデータをコーディングというプロセスを通じて数量化することによって，社会心理学において一般的に用いられる選択式の質問項目への回答と同様に統計分析が適用できるように加工する．具体的には，コンピュータープログラムを用いて文章を文節単位に分かち書きし[3]，分析単位となる文章ごとに，ある特定の語がひとつでも含まれていれば1，含まれていなければ0と数字をコードし，行が各文章，列がデータ中に登場した語，となるデータを作成する．たとえば，「消費税引き上げの真剣な議論が必要」といった文章について，「消費税」「引き上げ」「の」「真剣な」「議論」「が」「必要」といった表現には1がコードされ，他の文章で登場したそれ以外の表現については0がコードされる，といった処理が文章ごとに行われることになる．コンピュータープログラムを用いて分かち書き・数量化することにより，「マニフェスト」と「公約」を同一の語としてコードするかどうかといったコーディングルールの決定にこそ恣意性が残るものの，それ以外の部分における研究者の恣意性は除かれる．さらには，政治的エリートにおける公的なディスコース・一般有権者に関するデータについて，同一のルールに基づいてコーディングを行うことで，特徴の比較が可能となる．

本章における分析の流れとしては，まず，国会会議録における与野党議員の発言を分析することで，国会における議論の中心となった争点は本当に年金であったのかを確認する．次に，国会会議録・メディア報道・一般有権者の自由回答という3つのデータを用いて，それぞれにおける争点の出現頻度および年金争点についての捉え方の特徴を比較する．最後に，一般有権者の自由回答を用いて争点の構造化を行い，それが実際の投票に対して効果を持ったのかという点を検証する．

---

[3] 本章および次章におけるテキストデータの分析に用いたプログラムは，野村総合研究所の"TRUE TELLER"である．

本章では，分析における恣意性をなるべく避けるとともに，代表性を確保するために大量のテキストデータを扱うという目的から，分析の基本的な単位は単語となっている．これでは，厳密には政治的エリートによる公的なディスコースと一般有権者のフレームそのものを比較したとはいえないであろう．しかし，9.11テロに関するフレームが「戦争」「犯罪」というキーワードによって表現可能であったことからもわかるように（Edy and Meirick, 2007），フレームの相違は用いられる語の相違と深く関連すると考えられる．つまり，本章は用いられる語の違いを分析することで，その背後にあるフレームの違いを明らかにすることを目的としている．また，最後の一般有権者の自由回答の分析においては，カテゴリカル主成分分析によって語の共起関係を構造化することで，単語のみを抽出した場合に比べて，フレームの析出における正確性を高めることを試みている．

4-3　方法：政治家・メディア・有権者におけるテキストデータ

　本章で使用するテキストデータは，1）第166回国会における国会議員の発言，2）第21回参議院議員選挙新聞報道，3）争点自由回答データの3つである．
　国会議員の発言については国会会議録データベース（http://kokkai.ndl.go.jp/）を用い，2007年1月25日から7月5日までの第166回国会の会期中の発言のうち，参院選の争点に関連したキーワード（格差社会・格差問題・教育改革・憲法・年金・事務所費・政治資金）を含むものを取り出した[4]．また，検索の際には委員会は含まず，衆参本会議のみを対象とした．その結果71件の発言が対象となったが，国会会議録データベースにおいては1件の対象中に複数の発言が含まれているため，これらを別個のものとして扱い，キーワードが含まれる発言を手動で抜き出した結果，279の発言が最終的な分析対象とな

4）国会会議録データは2007年1月25日から7月5日までのデータを用いており，選挙期間中（2007年7月）に取得された他の2つのデータとは時期にずれが見られる．これは国会における議論をもとに選挙戦が行われるという仮定に基づくとともに，データ取得上の制約に因っているが，とくに国会会議録と報道の間の差異については時期の違いが影響している可能性は否めない．この点については国会会期中における会議録と報道の比較など，別の研究においてさらに検討を進める必要があるといえよう．

った.

　新聞報道については，2007年7月1日から7月31日までの読売，朝日，毎日，日経，産経，北海道，中日新聞の7紙を分析の対象とした．ニフティおよび日経gooの検索システムを用いて，選挙または参院選という語と，国会会議録と同様の争点のうち少なくともひとつ以上を両方含む記事を検索したが，記事の量が膨大であったため，3件に1件の割合で等間隔抽出を行い，最終的に2136件を分析の対象とした．

　争点自由回答データは，参院選直前の2007年7月27日から7月29日までの3日間にわたる3波のインターネットパネル調査において取得された．自由回答の項目が含まれるのは7月27日の調査である．まず，「今回の参議院選の争点として，あなたにとって個人的に一番重要なことは何でしょうか．どんな問題でも結構です」という質問文を用いて対象者がもっとも重要だと思う争点を尋ねた上で，「その問題について，あなたのご意見やお考えを自由に記入してください」という質問文によって争点への意見を尋ねた．

　調査は，平成18年度版住民基本台帳における1都3県（東京・神奈川・千葉・埼玉）の男女および年代構成比に比例して，電通R-netモニター6000人に対して配信する方法で行われ，「ふだん，ニュースや政治・社会問題についての情報をインターネット上で見たり聞いたりしている人」を2039人抽出した．回答者数は1482人（回答率72.7％）であり，そのうち重要争点については1461人，その争点に対する意見については1154人が何らかの回答を行っていた．分析の際には2つの回答を結合し，「争点に対する意見の自由回答」として利用した．また，インターネットパネル調査においてはテキストデータ以外にも選択式の質問項目が含まれており，第4-6節においてはこれらの項目を合わせて分析に使用した．

4-4　与野党議員の発言において強調された争点

　表4-1に示したのは，国会会議録データにおいて政府・与党議員の発言と野党議員の発言に登場する単語（名詞・形容詞・動詞）の頻度を比較した結果である．なお，ひとつの発言に複数の内容がまとめられているケースが極めて多

いため，対象となるデータは句点で区切られた文章ごとに分け，これを分析単位としている．また，「自民党」と「自由民主党」など同一の内容を表す語や誤記などについては同一語としてまとめてある．

　結果を見ると，年金問題が国会における議論の中心にあったことは間違いないようである．「年金」という語は，政府・与党議員の発言においても野党議員の発言においても6番目に多く登場した語であり，どちらにおいても争点関連語[5]の中では最頻出である．一方で，「年金」という語を含む文章の割合は野党議員の発言（6.78％）より，むしろ政府・与党議員の発言（7.96％）において高い．つまり，政府・与党が他の問題を中心的に扱う中で野党が一方的に年金問題に関する主張を行っていたというわけではなく，政府・与党も年金問題を中心に据えて議論していたと考えられる．もちろん，国会においては首相や大臣に対して野党議員が質問を行うという形での発言が多いことを考えると，政府・与党も野党議員の追及を受ける中で年金について議論せざるをえなかったという側面は強いであろう．しかし，「格差」「雇用」「所得」といった格差問題に関連した語や「イラク」というイラク戦争における派兵に関連した語，「天下り」という行政改革に関連した語が野党議員の発言においてのみ上位50位以内に登場していることを考えると，野党が取り上げようとした争点が自動的に国会における議論の中心になるとはいえないということが分かる．その意味でも，年金問題が国会における議論の中心であったということは注目すべき点だといえよう．

　それでは，政府・与党が参院選の争点に設定することを試みたとされる「憲法」「教育」についてはどうだったのであろう．結果の表を見ると，「憲法」については与野党間で1.4％程度とそこまで大きな差は見られないが，「教育」については両者に2.9％程度の差が見られる．「教師」「子ども」といった語が政府・与党の発言においてのみ（出現頻度上位50位以内に）登場することも，政府・与党の発言の中で教育問題についての議論が重視されていたことを表し

5）本節の文中において取り上げた語以外に，争点関連語と呼べる可能性のある語としては政府・与党議員の発言における「経済」「財政」「地方」「地域」を挙げることができる．また，「改革」という語については政府・与党（6.43％）と野党（2.41％）の間で言及割合に大きな差が見られたが，「年金改革」「教育改革」「財政改革」など多様な文脈において用いられる語であったため，特定の争点に関連するとは言い難い．

表 4-1　政府・与党および野党議員の国会会議録における頻出語

順位	頻出語（政府・与党）	割合（%）	件数	頻出語（野党）	割合（%）	件数
1	ある	17.86	877	ある	10.05	817
2	考える	11.46	563	国民	8.47	688
3	お尋ね	10.79	530	大臣	7.81	635
4	行う	9.10	447	政府	6.88	559
5	国民	9.10	447	法案	6.80	553
6	年金	7.96	391	年金	6.78	551
7	改革	6.43	316	言う	6.15	500
8	教育	5.84	287	問題	6.07	493
9	将来	5.15	253	思う	5.36	436
10	国	5.03	247	私	5.07	412
11	私	4.97	244	民主党	4.93	401
12	図る	4.95	243	与党	4.85	394
13	問題	4.68	230	総理	4.66	379
14	総理	4.54	223	考える	4.41	358
15	する	4.52	222	する	4.17	339
16	必要だ	4.52	222	責任	3.95	321
17	我が国	4.38	215	期待する	3.86	314
18	法案	4.32	212	行う	3.75	305
19	重要だ	4.28	210	安倍晋三	3.56	289
20	憲法	4.24	208	明確だ	3.52	286
21	政府	4.15	204	伺う	3.33	271
22	思う	4.09	201	審議	3.19	259
23	伺う	3.64	179	国会	3.16	257
24	社会保険庁	3.60	177	今	3.15	256
25	進める	3.58	176	ない	3.14	255
26	運営	3.54	174	労働	3.08	250
27	取り組む	3.48	171	国	3.06	249
28	経済	3.46	170	政治	3.06	249
29	今回	3.42	168	教育	2.94	239
30	財政	3.28	161	社会保険庁	2.89	235
31	責任	3.28	161	憲法	2.88	234
32	地域	3.24	159	日本	2.79	227
33	対策	3.20	157	厚生	2.63	214
34	大臣	3.20	157	イラク	2.58	210
35	期待する	3.18	156	採決	2.52	205
36	日本	3.10	152	答弁	2.52	205
37	課題	3.01	148	今回	2.49	202
38	状況	3.01	148	格差	2.47	201
39	つく	2.99	147	改革	2.41	196
40	向ける	2.93	144	柳澤	2.39	194
41	地方	2.93	144	理由	2.39	194
42	措置	2.91	143	保険料	2.35	191
43	教師	2.77	136	人	2.23	181
44	子ども	2.77	136	雇用	2.20	179
45	踏まえる	2.77	136	消える	2.19	178
46	社会	2.73	134	所得	2.15	175
47	保険料	2.73	134	必要だ	2.12	172
48	議論	2.71	133	中	2.05	167
49	予算	2.71	133	天下り	2.03	165
50	いたす	2.67	131	私たち	2.01	163

ているだろう．政治的エリートによる公的なディスコースの代表ともいえる国会会議録における争点の出現頻度は，政府・与党は憲法・教育といった問題を議論の中心に据えようとしたが，年金についての議論がそれを圧倒したという本章冒頭に挙げた2007年参院選争点をめぐる議論と矛盾するものではない．それでは，同じ政治的エリートであっても立場が異なるマスメディア（ジャーナリスト），そして，一般有権者においてはどうだったのであろうか．

4-5　国会会議録・新聞報道・一般有権者における争点の捉え方の違い

先ほどの国会会議録データに加え，新聞報道データ，および一般有権者（インターネット調査）における自由回答データを用い，国会議員・マスメディア・一般有権者の3者における争点関連の言及の特徴を比較した．新聞報道については国会会議録同様，句点で区切った文章を分析の単位として設定したが，対象者が自分で回答を入力するインターネット調査の自由回答においては，必ずしも句点によって文章が区切られているとは限らないこと，文字数が国会会議録におけるひとつの発言やひとつの新聞記事に比べて非常に短いことから，（文章がいくつ含まれていても）一人分の回答を分析の単位として設定した[6]．その結果，表4-2に示したように，3者のすべてにおいて争点に関連する語の中では「年金」がもっとも出現頻度の高い語（新聞報道・一般有権者においては，語全体の中でも最頻出語）であった．立場や政治への関与が異なる3者のすべてにおいて年金争点への言及が多かったことは，2007年参院選の最大の争点が年金であったという言説を強く裏付けるといえよう．

しかし，冒頭に述べた「年金が争点」という言葉が意味する内容の曖昧さや，政治的エリートによる公的なディスコースと一般有権者のフレームの違いを考慮すると，一口に「年金争点」といっても，3者において同様の意味合いを持っているとは限らない．そこで，「年金」という語と同じ文章中に共起する語

---

[6] なお，国会会議録データにおいては年金争点についても政府・与党と野党議員を区別した分析を行うという方法も考えられるが，政治的エリート間の比較が多くなることで政治的エリートと一般有権者の比較を行うという本章の目的が曖昧になることを避けるため，政府・与党と野党議員の発言を統合して扱う．

表 4-2 国会会議録・新聞報道・一般有権者における頻出語

順位	国会会議録（与野党）単語	頻度	マスメディア（新聞）単語	頻度	一般有権者 単語	頻度
1	ある	1,694	年金	5,377	年金	596
2	国民	1,135	自由民主党	5,331	思う	223
3	年金	942	民主党	4,617	税金	167
4	考える	921	ある	4,151	ある	145
5	大臣	792	参院選	3,458	国民	143
6	法案	765	政党	3,006	政治	141
7	政府	763	政治	2,964	憲法	136
8	行う	752	選挙	2,662	ない	128
9	問題	723	訴える	2,139	政治家	127
10	私	656	支持	2,104	自由民主党	120
11	思う	637	憲法	2,042	問題	119
12	総理	602	選挙区	1,967	日本	114
13	言う	587	国民	1,940	将来	109
14	お尋ね	566	共産党	1,906	人	109
15	する	561	公明党	1,704	今	103
16	教育	526	人	1,661	する	91
17	改革	512	問題	1,644	国	90
18	国	496	ない	1,490	公務員	89
19	責任	482	有権者	1,484	考える	86
20	民主党	475	思う	1,441	消費税	84
21	期待する	470	与党	1,392	政党	84
22	与党	462	日本	1,371	お金	82
23	伺う	450	格差	1,351	格差	77
24	憲法	442	総理	1,341	社会保険庁	77
25	社会保険庁	412	国	1,340	改革	75
26	必要だ	394	今回	1,322	教育	72
27	将来	389	安倍晋三	1,304	政権	63
28	明確だ	387	する	1,295	9条	62
29	日本	379	改革	1,259	自分	62
30	今回	370	陣営	1,241	社会	61
31	労働	365	政策	1,200	支払う	60
32	重要だ	353	社民党	1,156	生活	60
33	審議	347	県内	1,083	言う	58
34	政治	347	政権	1,046	改正	52
35	国会	345	声	1,034	無駄	52
36	ない	339	言う	1,028	使う	51
37	安倍晋三	335	政府	1,020	持つ	51
38	我が国	334	期待する	1,019	責任	51
39	図る	325	責任	1,012	増税	49
40	保険料	325	議席	1,010	不安だ	49
41	今	319	投票	972	良い	49
42	厚生	306	今	951	所得	48
43	運営	304	新	951	多い	48
44	イラク	301	新人	928	天下り	46
45	対策	295	地方	918	明確だ	46
46	子ども	289	争点	908	必要	44
47	社会	289	所得	901	重要だ	43
48	理由	280	候補者	898	感じる	41
49	雇用	275	将来	897	しっかり	38
50	経済	274	教育	876	与党	38

表 4-3　年金争点と共起する語の 3 者比較

順位	国会会議録（与野党）頻出語	頻度	マスメディア（新聞）頻出語	頻度	一般有権者 頻出語	頻度
1	年金	942	年金	5,377	年金	596
2	国民	254	参院選	696	思う	101
3	保険料	209	民主党	597	税金	76
4	ある	190	問題	571	ある	66
5	社会保険庁	180	政治	569	問題	65
6	法案	175	争点	542	国民	64
7	年金記録	173	自由民主党	530	社会保険庁	64
8	消える	166	ある	484	支払う	55
9	国民年金	120	記録漏れ問題	438	将来	50
10	問題	116	訴える	423	人	48
11	公的	114	国民	418	政治	46
12	政府	105	お金	405	政治家	45
13	行う	103	格差	385	ない	43
14	厚生年金	102	憲法	354	する	42
15	責任	99	政府	343	現在	42
16	日本年金機構	96	改革	337	責任	39
17	信頼	93	与党	333	消費税	38
18	運営	91	年金記録	312	公務員	35
19	基礎	87	逆風	288	国	34
20	与党	78	政党	285	自分	33
21	考える	77	保険料	278	お金	32
22	お尋ね	75	消える	269	改革	31
23	給付	73	基礎	264	考える	31
24	厚生	70	社会保険庁	263	自由民主党	31
25	今回	68	不安	259	受け取る	31
26	記録	66	責任	254	不安だ	31
27	国	65	今回	251	政党	29
28	明確だ	65	有権者	249	言う	27
29	民主党	64	人	231	使う	27
30	する	62	記録	227	日本	27
31	支払う	62	大臣	219	憲法	26
32	改革	61	関心	215	明確だ	25
33	業務	61	支払う	208	所得	24
34	大臣	60	する	200	生活	22
35	管理	57	政策	199	天下り	22
36	番号	56	財源	194	解決する	21
37	時効	55	対策	193	格差	21
38	将来	55	共産党	192	教育	21
39	図る	52	国	192	ずさんだ	20
40	特例	52	対応	185	しっかり	19
41	ない	47	批判	182	政府	19
42	提出する	47	消費税	176	増税	19
43	被害者	47	ない	172	必要	19
44	五千万件	46	現在	172	無駄	19
45	記録問題	45	記録問題	169	与党	19
46	不安だ	45	教育	166	重要だ	18
47	言う	43	最大	165	政権	18
48	被保険者	43	総理	163	改正	17
49	今	41	所得	161	今回	17
50	制度	40	支持	157	対策	17

表 4-4　年金争点と共起する語の 3 者における共通性

3者すべて	国会と新聞	国会と有権者	新聞と有権者	国会	新聞	有権者
年金	保険料	将来	政治	法案	参院選	思う
国民	大臣	考える	お金	国民年金	争点	税金
社会保険庁	民主党	今回	格差	公的	記録漏れ問題	公務員
政府	年金記録	明確だ	憲法	行う	訴える	自分
改革	消える	不安だ	人	厚生年金	逆風	受け取る
ある	基礎	言う	対策	日本年金機構	有権者	使う
与党	記録		消費税	信頼	関心	日本
ない	記録問題		現在	運営	政策	生活
問題			教育	お尋ね	財源	天下り
責任			自由民主党	給付	共産党	解決する
国			政党	厚生	対応	ずさんだ
する			所得	業務	批判	しっかり
支払う				管理	総理	増税
				番号	支持	必要
				時効		無駄
				図る		重要だ
				特例		政権
				提出する		改正
				被害者		
				五千万件		
				被保険者		
				今		
				制度		

を調べることで，それぞれにおける年金争点の捉え方の違いを検討した．年金という語を含む文章のみを抽出し，その文章に頻出する語を列挙した結果を表4-3に示す．表は，たとえば国会会議録において「年金」という語を含む文章は942あるが，そのうち254の文章に「国民」という語が含まれるということを示している．また，表4-4は表4-3の結果をもととして，国会会議録・新聞報道・一般有権者の3者において共通する語，2者において共通する語，1者にしか見られない語についてまとめたものである[7]．

国会会議録においてのみ見られた23語について見ると，「国民年金」「厚生年金」「日本年金機構」「運営」「給付」「厚生」「業務」「管理」「番号」「時効」

---

[7] 本章のような分析においては，挙げられた語から全体の傾向を読み取るという解釈の内容については研究者によって異なることが避け難い．したがって，表4-4の結果までは同義語をまとめるコーディングルール以外には恣意性が入り込む余地は存在しないが，表4-4から読み取った内容についてはあくまで可能な解釈のひとつである．他の研究者がこの結果をもととして別の解釈を行う可能性については否定しない．

「特例」「被保険者」「制度」といった半数以上の語は年金制度の内容に関連した語であった．その中でも「管理」「時効」「番号」などは年金記録漏れ問題と直接の関連性が強い語だといえるものの，「国民年金」「厚生年金」「日本年金機構」などは問題を踏まえた上での制度設計についての議論が行われていることを表す語だといえる．以上のことから，国会会議録において特徴的であった枠組みは，年金制度の設計という観点から年金争点を捉える制度的フレームとみなすことができるであろう．

　新聞報道における特徴としては，まず政党に関する語の登場頻度が高いことが挙げられる．年金と共起する語としては，国会会議録においても見られる「民主党」，有権者においても見られる「自由民主党」の他に，「共産党」という語が出現頻度50位以内に登場していた．さらには，年金と共起する語に限らず全体の出現頻度で見た場合には，「社民党」「公明党」も含めた5つの政党が出現頻度50位以内に登場していた（表4-2）．加えて，「参院選」「逆風」「訴える」といった参院選の様子を伝える語や，「争点」「批判」といった意見の衝突を表す語が新聞報道において見られることから，新聞報道においては，選挙戦において政党や候補者が主張をぶつけ争うものとして，年金争点を捉えているフレームが特徴的であるということが示唆される．これは，ニューマンら（Neuman et al., 1992）の研究において，マスメディアが多用することが明らかにされた対立フレームのひとつとして理解することが可能であろう．

　一般有権者においてのみ見られる語としては，まず，「解決する」「ずさんだ」「しっかり」など，年金記録漏れ問題およびその対応への言及を表す語を挙げることができる．年金記録漏れ問題に関する語が年金という語と共起するのは自然なことであり，ここから一般有権者の特徴を読み取ることは難しい．一方で，一般有権者の特徴を表すと考えられる語は「税金」「増税」という語である．これらは新聞報道においても用いられている「消費税」「お金」とも共通しているが，国民の負担に関する語だといえる．もちろん「消費税」「税金」といった語は，民主党のマニフェストにあった基礎年金の財源として消費税を用いるという政策についての言及であるという可能性も考えられる．しかし，もとのテキストデータに戻って実際の回答者の記述を調べてみると，年金と税金（76件）あるいは消費税（38件）という語が共起している回答におい

て，この政策に関連していると考えられるものは，わずか6件だけであった．以上のことから，有権者は年金以外の税金による国民の負担と年金争点とを合わせて議論を行っているということが示唆される．さらには，国民の負担に関わる語だけでなく「公務員[8]」「天下り」「使う[9]」「無駄[10]」といった行財政に関わる語が年金争点と一緒に登場していることも特徴的である．これは有権者の中で，年金争点が単に年金の問題だけに留まらず，自らの負担増や政府および行政に対する不満と結びついていたことを示唆している．政党の中で「自由民主党」のみが登場していることや「政権」という語が登場していることも，政府・与党に対する不満と年金問題が結びついているという解釈と整合的である．つまり，有権者にとっての年金争点とは，どのような年金制度を求めるかということではなく，自らの負担に見合うだけの政治行政がなされているかの評価であったということではないだろうか．これは，いわば負担と評価フレームと名付けられるものである．

4-6　重要争点が投票にもたらした効果

次に，一般有権者の自由回答データを選択式の質問項目から得られた数量データと組み合わせることで分析を行った．研究者が仮説を設定することなく分析を行えるということはテキストデータを用いる利点であるが，同時に，統計的な仮説検定を用いないため，結果の解釈の妥当性を判断することが難しいという欠点も持っている．これでは，多変量解析を用いた従来の計量的研究に比べ，どうしても知見の説得力に欠ける感は否めない．この欠点を補う上で，テキストデータと選択式回答から得られた量的データを融合して分析を行う手法が有効である．

手順は以下の通りである．まず，一般有権者の自由回答において出現頻度が

---

8)「官僚」という語は同義語として「公務員」に統合している．ちなみに「公務員」ではなく「官僚」という語が用いられていたケースは9件である．

9)「使う」という語が用いられた27のケースについて文脈を確認したところ，24件が「税金の使い道を正す」といったように行財政に関連した文脈であった．

10)「無駄」という語が用いられた19のケースについて文脈を確認したところ，「税金の無駄遣い」といった表現に代表されるように，すべてが行財政に関連した文脈であった．

5%以上であった語の中から「ある」「する」といったそれだけでは意味をなさない語を除き,「年金」「税金」「国民」「政治」「憲法」「政治家」「自由民主党」「問題」「日本」「現在」「将来」「国」「公務員」「消費税」「政党」「お金」「格差」「社会保険庁」「改革」という 19 語について,それぞれ回答に含まれていれば 1,含まれていなければ 0 という形で,回答者ごとに 19 のダミー変数を作成した.このように,テキストデータをダミー変数化してしまえば,通常の質的変数として分析を行うことが可能であるが,19 の変数をそのまま扱った分析を行うことは困難なため,これらの変数のテトラコリック相関行列に対して主成分分析を行うという形で次元の縮約を行った.各次元の特徴を明確にするためバリマックス回転を行った結果を表 4-5 に示す.

　第 1 主成分は「自由民主党」「政治家」「公務員」「改革」といった語の負荷が高いため,これらは行政および政治分野における改革に関連した「行政・政治改革」争点としてまとめることができる.第 2 主成分には「税金」「消費税」といった税負担を表す語に加え,「公務員」という語が含まれている.同時期に公務員（官僚）による税の無駄遣いが批判されていたことから考えると,「税の使い道」としてまとめることができるだろう.第 3 主成分は「日本」「現在」「将来」「国」といった抽象的な語の負荷が高いことから「日本の将来」とでも呼べるものである.第 4 主成分は「政治」「政治家」「お金」といった語の負荷が高く,これは文字通り「政治とカネ」としてまとめるのが適切であろう.第 5 主成分は,「年金」「社会保険庁」といった語の負荷が高く,これが「年金問題」であるとみて間違いないだろう.「年金」「社会保険庁」という語の負荷が高い主成分が他に見られないことを考えると,参院選最大の争点とされた年金問題については,この主成分にまとまっているといえる.これら 5 つの主成分に対して,それぞれ回答者ごとに主成分得点を計算し,それらの変数と投票との関連を検討した.

　本書におけるフレーム概念に基づいて考えるならば,前節までの分析においては年金争点と一緒に語られるキーワードをもとに,有権者が「年金争点」という対象を捉える枠組みについて考察を行ったが,以降の分析は年金争点を含む「2007 年参院選争点」という対象を捉える枠組みについて検証を行ったものといえる.つまり,各主成分得点が高いほど,有権者の捉え方は「行政・政

表 4-5 争点に関する主成分得点（バリマックス回転後）

	行政・政治改革	税の使い道	日本の将来	政治とカネ	年金問題
年金	-0.11	0.00	-0.01	-0.03	0.61
税金	-0.01	0.50	-0.07	0.10	-0.02
国民	0.04	0.22	0.26	0.13	0.03
政治	0.17	-0.16	0.00	0.55	-0.05
憲法	-0.22	-0.06	0.16	-0.18	-0.33
政治家	0.25	0.19	0.07	0.34	-0.06
自由民主党	0.56	-0.22	-0.03	0.00	-0.13
問題	-0.09	-0.02	0.31	0.22	0.27
日本	0.07	-0.05	0.46	-0.09	-0.17
現在	0.03	-0.09	0.44	-0.01	0.02
将来	-0.04	0.02	0.42	-0.07	0.06
国	-0.11	0.27	0.29	-0.04	-0.20
公務員	0.36	0.37	0.08	0.05	0.07
消費税	-0.10	0.51	-0.04	-0.11	-0.02
政党	0.15	-0.26	0.25	0.12	0.06
お金	-0.21	0.09	-0.04	0.61	-0.01
格差	-0.32	-0.05	0.21	0.05	0.13
社会保険庁	0.07	-0.03	-0.01	-0.08	0.55
改革	0.44	0.19	0.11	-0.24	0.17
固有値	3.36	2.58	2.35	2.18	2.00
寄与率	0.18	0.14	0.12	0.11	0.11
累積寄与率	0.18	0.32	0.44	0.55	0.66

治改革」「税の使い道」といったそれぞれのフレームにあてはまるということである．新聞社による世論調査などで見られる参院選において重視する争点を選ぶ形式の質問と本書の手法が異なるのは，ひとつには選択肢を示すことなく有権者が自発的に挙げた争点を分析の対象とできることがある．さらに重要な点として，争点についてある程度の長さを持った文章での回答を得た上で語の共起関係によって構造化を行うことで，「憲法」「年金」といった個別の争点を越えて，有権者による争点の捉え方（争点についてのフレーム）を明らかにすることができるということがある．通常の選択式の争点項目を用いた場合には，選んだ争点について有権者がどのように捉えているのかという情報を得ることはできない．

　表 4-6 に示したのは，自民党・民主党それぞれへの投票数（投票していなけ

表 4-6　争点自由回答を用いた投票予測[11]

	自民投票数 B		民主投票数 B	
性別（1 = 男性，2 = 女性）	0.22		−0.23	+
年齢	0.01		0.01	*
教育程度	0.06		0.20	**
所属階層	0.06		0.11	
政治関心	0.09		0.16	+
保革イデオロギー	0.50	***	−0.16	***
争点：行政・政治改革	−0.14		0.02	
争点：税の使い道	−0.53	+	0.49	**
争点：日本の将来	0.20		0.06	
争点：政治とカネ	−0.69	*	0.42	*
争点：年金問題	0.00		0.10	
カットポイント1	6.01	***	0.94	+
カットポイント2	6.55	***	1.55	**
N	1226		1226	
LR Chi squared(11)	168.73	***	70.13	***
疑似決定係数	0.11		0.03	

＋＜ 0.1　＊＜ 0.05　＊＊＜ 0.01　＊＊＊＜ 0.001

れば 0，選挙区比例区のどちらかで投票していれば 1，両方で投票していれば 2）を従属変数とした順序ロジット分析の結果である．分析に際しては，独立変数以外に，性別・年齢・教育程度（1 = 新中学・旧小・旧高小，2 = 新高校・旧中学，3 = 高専・短大・専修学校，4 = 大学，5 = 大学院）・主観的所属階層（1 = 下の下，2 = 下の上，3 = 中の下，4 = 中の上，5 = 上）といったデモグラフィック要因を統制変数として用いている．また，政治関心（日ごろから政治に注意を払っているかという問いに対して，1 = まったく注意を払っていない，2 = たまに注意を払っている，3 = 時々注意を払っている，4 = いつも注意を払っている，という 4 件法で回答）・保革イデオロギー（0 = 左寄りから 10 = 右寄りまでの 11 件法）といった投票行動の分析において標準的に用いられる変数も統制変数として分析に追加した[12]．なお，分析に際しては，都

---

11) 尤度比検定（Likelihood Ratio test）の結果および疑似決定係数については，ウエイト未使用の場合の結果を参考として記した．
12) これらの統制変数の測定については，CSES や JES などの国内外の大規模選挙調査プロジェクトにおいて標準的に用いられている方法と揃えることで，先行研究における結果と比較することが可能となっている．

県ごとの性別と年代をもとに作成したウエイトを使用することで分布の補正を行っている[13]．

表4-6からわかるように，自民党・民主党への投票数を従属変数とした分析結果はちょうど正反対となっており，争点の捉え方が「税の使い道」および「政治とカネ」の2つのフレームにあてはまる有権者ほど，自民党への投票確率は低い一方で，民主党への投票確率は高い．一方で，参院選最大の争点であったとされる「年金問題」は，自民・民主両党への投票との間に統計的に有意な関連を持っていなかった．参院選において「年金問題」から争点を捉えることが，有権者の投票を分ける要因にはなっていなかったことを示唆する結果である[14]．

なお，統制変数については，教育程度や政治関心の高い男性が民主党に投票しやすい，政治的イデオロギーが右寄りであれば自民党，左寄りであれば民主党に投票しやすいという結果は，投票行動に関わる多くの先行研究における結果に沿うものである．一方で，年齢が民主党への投票数と正の関連を持っているという結果は，先行研究の結果とは一致しないが，これは本章における研究が都市部のみを対象としたインターネット調査に基づいており，全国規模のサンプリング調査に比べて相対的に若い有権者を対象としている（平均43.75歳，標準偏差13.00）ことによると考えられる．高齢者とはいえないが，今回の調査においては相対的に年齢が高いといえる対象者が民主党に投票していたということではないだろうか．

4-7　2007年参院選における有権者は無知だったのか

テキストデータを用いた計量分析の結果から，2007年参院選時において，年金が国会における議論や新聞報道において中心的な地位を占めていただけでなく，有権者の注目を集めたことは間違いないものの，「年金問題が参院選に

---

[13] ウエイト作成においては，相田（2008），レビーとレメショウ（Levy and Lemeshow, 1999）などを参考にした．
[14] 年金問題フレームと自民党・民主党への投票との単相関はそれぞれ0.01，0.02であり，他の変数を媒介するプロセスも確認されなかった．

おける最大の争点であった」とする政治的エリートによる解釈は有権者の実態とは異なることが明らかになった．具体的には，一般有権者は自らの負担と政府・与党への評価というフレームによって年金争点を捉えており，年金に関わる政策そのものへの態度を各党の主張と照らし合わせることで，有権者が投票を決定していたわけではなかったことが示唆されたのである．これは，政治的エリートによる公的なディスコースと一般有権者のフレームにおける相違の実例といえるであろう[15]．

　ただし，本章において示された相違が政治的洗練性の高低を表すものなのかという点については議論を行う必要があろう．第Ⅰ部で述べたように，本書は，政治的エリートによる公的なディスコースと一般有権者の相違を政治的洗練性という基準の高低の違いとしてのみ理解すべきではないという視点に基づいている．しかし，新聞社の世論調査などにおいて，「参院選において重視したい政策や争点は何か」と問われれば「年金」と答えるが，具体的な年金制度の内容に注目していたわけではないという本章における有権者の姿は，コンバース（Converse, 1964）の研究において描かれた有権者像と重なる部分があり，一見すれば有権者の政治的洗練性の低さを表しているかのようにも見える．つまり，政策争点について態度を保有していないのにもかかわらず，調査員から政策について尋ねられればその場限りの意見を作り出すのと同様，本当は政策争点をもとに選挙を捉え，投票を行っているわけではないが，調査員に「参院選の争点は何か」と問われれば，「年金」と回答したということである．

　ここで注意すべき点として，本書はコンバース（Converse, 1964）に連なる一般有権者の政治的洗練性は低いという知見に対して，直接の反論を試みるものではないということがある．合理的無知（Downs, 1957）の議論を考えても，有権者が政策争点の詳細についての情報を保持し，それに基づいて投票を行うということは仮定しがたい．今回の例においては，年金財源として現行の保険

15）なお，「公的年金制度を維持するために保険料を上げるか消費税率を上げるか」という民主党マニフェストにも記載されていた年金制度の財源についての有権者の意見を問う設問が2007年に行われたJES Ⅳ調査の第1波に含まれているが，この項目への回答も自民党・民主党への投票と関連を持っていなかった．JES Ⅳ調査は，文部科学省科学研究費特別推進研究「変動期における投票行動の全国的・時系列的調査研究」（課題番号：19001001，代表：平野浩）による．

料ではなく消費税を用いる方式に変化すれば，高齢者世代の負担が大きくなり現役世代の負担は軽減されるといった利害関係が生じるが，国政選挙において個人の投票が与野党の勝敗に影響する確率は限りなくゼロに近いため，情報入手・処理にコストを費やすことは合理的とはいえないのである．したがって，有権者が年金制度の詳細や各党の年金政策に対する立場を理解しない，あるいはそれをもとに投票を行わないことを，非合理的とみなす必要はないであろう．

一方で，本章において有権者が年金争点を捉える上で用いていた負担と評価というフレームは，社会心理学や選挙研究において明らかにされてきた意思決定のための情報処理プロセスにおける認知的コストの削減方法と類似性を持つ．政策争点を自らの負担と結びつけるという政治の捉え方は，「自己」は情報を解釈しコード付けするためのバックグランドとして働くため，自己に関連した情報は記憶されやすく，情報処理の際に活性化されやすいという自己関連づけ効果を想起させる[16]．また，政府・与党に対する評価をもとにしたフレームは，フィオリーナ（Fiorina, 1981）の研究において明らかにされた，有権者は個別の政策についての態度ではなく政府・与党の業績評価に基づいて政治を捉えることで，情報コストを節約しているという業績評価投票モデルに沿うものといえる．さらには，個々の政策争点に関する情報の詳細を記憶するのではなく，それらを要約した政党や候補者に対する総合的評価のみを蓄積し，その総合的評価に基づいて投票を行うというオンラインモデル（Lodge, McGraw, and Stroh, 1989; McGraw, Lodge, and Stroh, 1990）も，年金争点についての情報を政府・与党への評価に統合するという本章における有権者の政治の捉え方と整合的である．

これらを合わせて考えると，有権者は2007年参院選の期間において，年金に関わる情報に触れたとき，自己の負担と関連する情報を優先的に記憶するとともに，政府・与党への評価に統合するという形で情報を蓄積しており，年金制度についての詳細な情報そのものを逐一記憶するわけではなかった．そして，判断に用いられたのは年金制度についての詳細な情報ではなく，統合された評価であったということが示唆される．その結果として，今回の調査において参

---

[16] 一般有権者が政治を捉えるフレームと「自己」の関係性については，第6章において詳しく述べる．

院選の争点について自由回答形式で尋ねられた際に，この争点と結びついた自己の負担や政府・与党の総合評価について有権者が言及したということではないだろうか．

　以上のように，2007年参院選における年金争点について，一般有権者のフレームと政治的エリートによる公的なディスコースにおけるフレームは異なっていたが，そのフレームは認知的コストを節約した上で意思決定を行うために有権者が用いるとされてきた方法に沿っており，このようなフレームを「有権者の無知」の証拠とみなす必要はないと結論づけられるのではないだろうか[17]．

---

17) このような情報処理のメカニズムを用いることを「有権者の無知」とみなす議論を行うことも可能であろうが，「無知でない有権者」として人間の認知能力の限界を越えた有権者像を想定することが，民主主義社会において有意義であるとは思えない．

第5章
政治情報の入手経路がメディアと有権者における
フレームの一致度にもたらす効果

　前章においては，政治的エリートによる公的なディスコースと一般有権者のフレームが異なる例として，2007年参院選における年金争点を取り上げたが，争点には政治的エリートによる公的なディスコースと一般有権者のフレームが異なりやすいものとそうでないものが存在すると考えられる．本章においては[1]，それらの争点を分ける要因として，第Ⅰ部において述べた日常生活からの経験とマスメディアという入手経路の相違に注目する．日常生活の経験から得られた情報をもとに形成される有権者が政治を捉えるフレームは，ジャーナリストという政治的エリートの手を介さないため，政治的エリートの公的なディスコースにおけるフレームとは異なる点を多く含む可能性が高いであろう．日常生活の経験から情報を入手できる度合いは争点によって大きく異なることから，争点によって政治的エリートによる公的なディスコースと一般有権者のフレームの一致度が異なると考えられるのである．日常生活からの経験とマスメディアという情報の入手経路がフレームの一致度にもたらす影響を直接検討した先行研究は，管見の限り存在していないが，マスメディアの議題設定効果研究から知見を援用することが可能である．

---

[1] 本章の内容については，2009年度日本選挙学会研究会において「有権者とメディアの関係性から捉える政策争点の違い」(稲増, 2009) というタイトルで発表された．

5-1　議題設定効果研究における争点ごとの違い

　初期の議題設定効果研究においては，争点の中身までは考慮されず，マスメディアにおける争点の報道量の順位と有権者における争点の顕出性の順位全体が比較されていたが（McCombs and Shaw, 1972; McLeod, Becker, and Byrnes, 1974），その後の研究においては，争点ごとの違いが研究の対象として注目されるようになった．

　アーブリング（Erbring, Goldenberg, and Miller, 1980）は，犯罪といった実世界の指標が有権者における争点の顕出性に影響する争点，政府への信頼のようにメディアの報道量のみが顕出性に影響する争点，失業のように両者が影響する争点という形で，議題設定効果のあり方は争点によって異なることを明らかにした．また，ウィーバーら（Weaver, Graber, McCombs, and Eyal, 1981）によれば，マスメディアを通じてのみ情報を得ることができる間接経験争点（unobtrusive issues）においては，有権者の顕出性とマスメディアの報道量との順位相関係数の値が高いのに対して，人々の実生活における経験や観察からも情報を得ることができる直接経験争点（obtrusive issues）においては，両者の相関が比較的低くなるというのである．これらは，争点の直接経験性（obtrusiveness）の違いが議題設定効果の強弱に影響を与えることを示した研究ということができる．

　その後，デメルス（Demers, 1989）の研究において直接経験性が議題設定効果を強めるという正反対の研究結果が示されたものの[2]，直接経験性が議題設定効果を強める影響は短期的なものである（Lee, 2004），中程度の直接経験性の存在によって議題設定効果は強まるが，さらに直接経験性が高まると議題設定効果は弱まる（Chen, 2011）など，直接経験性が議題設定効果を緩衝するというウィーバー（Weaver et al., 1981）の知見を補強する知見が提供されている．さらには，竹下（1998）の研究によって，日本においても争点の直接経験性が

2）デメルス（Demers, 1989）は，争点の直接経験性が議題設定効果を弱めるという仮説を顕出的偶発性仮説（Obtrusive contingency hypothesis），争点の直接経験性が議題設定効果を強めるという仮説を認知的プライミング仮説（Cognitive priming hypothesis）と呼んでいる．

議題設定効果を緩衝するという結果が確認されている.

　議題設定効果に対して争点の直接経験性が緩衝効果を持つということは,有権者がマスメディア以外の情報源を持つことによって報道接触による争点の顕出性に対する効果が弱められ,両者の視点に乖離が生じるということである.この情報源の違いによってもたらされる影響は,争点の顕出性認知（議題設定効果）のみならず,政策争点についての情報処理過程全般に及ぶと考えられる.そこで本章では,直接経験争点と間接経験争点における政治的エリートによる公的なディスコースと一般有権者のフレームの一致度について検討を行う.

5-2　実証的イデオロギー研究と争点の構造化

　選挙研究において用いられてきた争点を直接経験争点と間接経験争点に分ける上で,どういった方法を適用すれば良いのであろうか.恣意的に争点を列挙し,日常生活からの経験によって影響を受けていることが明らかになった争点を直接経験争点,マスメディアから影響を受けていることが明らかになった争点を間接経験争点と事後的に分類するのでは,実証研究の手続き上問題がある.

　そこで本章においては,第4-2節においても触れたミシガン調査からJES Ⅳまでの日本を代表する大規模選挙調査において用いられてきた政策争点群から,有権者の賛否が分かれている対立争点を抽出した[3].さらには,これらの争点を分析の対象とした実証的イデオロギー研究における知見を参考にした上で争点の分類を行うが,本節では,まず日本における実証的イデオロギー研究の概観と争点の構造化という問題について述べる.

　実証的なイデオロギー研究は,日本における有権者の争点態度研究の中心的なテーマのひとつである.蒲島・竹中 (1996) は,現代の日本人が持つイデオロギーについて,海外におけるイデオロギー概念の系譜や日本における政治状況をもとに理論的考察を行っている.彼らによれば,現代日本人のイデオロギーの原型は,連合国による占領期からサンフランシスコ講和条約締結を経て60年安保までの時期に形成されたものである.占領期においては,政治的エ

---

[3] 一方で,有権者の意見がほぼ一致している争点を合意争点と呼ぶ.

リートは GHQ の施策に異を唱えることはできなかった一方で，知識人は戦前の体制を否定する立場から言論活動を行っていた．ところが，サンフランシスコ講和条約が締結される時期になると，公職追放の解除，レッドパージ，再軍備などいわゆる「逆コース」と呼ばれる占領期に行われた政策を修正する施策が行われるようになる．これにより旧体制における政治的エリートが力を取り戻すようになり占領期に制定された日本国憲法体制の見直しが図られたのに対して，野党や知識人は激しく反発した．このようにして戦前の体制を肯定するか否定するかという点が，現代日本人の保革イデオロギー対立の原型となった．さらに，1950 年代には，再軍備および日米安保という安全保障をめぐって激しい意見の対立が見られたが，日本国憲法（とくに第 9 条）が再軍備・日米安保を進める上での障害となるため，旧体制に対する態度は安全保障政策に対する態度と結びつき保革イデオロギー対立の核を形成するようになった．安全保障と旧体制への態度が日本における保革イデオロギー対立の中心となっているという蒲島・竹中（1996）による議論は，日本における投票行動は社会経済的な地位の対立によるものではなく「伝統 – 近代」という価値対立に基づくという綿貫（Watanuki, 1967）の文化政治論にも沿うものであり，日本人のイデオロギーの特徴を捉えたものだといえる．

　さらに，蒲島・竹中（1996）は上記の議論を踏まえた上で，ミシガン調査・JABISS・JES・JES Ⅱという 4 つの調査データを用いて，1960 年代から 90 年代までの日本人のイデオロギーについて実証的検討を行った．その結果，1980 年代以降，イデオロギーの多元化が進むとともにイデオロギーの規定力が低下するイデオロギーの溶解が進んでいるものの，日本における有権者の争点態度が保革イデオロギーによって，一貫してある程度規定されていることを明らかにしている．さらに，戦後日本における保革対立の原型といえる安全保障分野と旧体制（戦前の体制）への態度に関する争点は，1960 年代における調査だけでなく，安保闘争激化の反省を受けて政権与党が保守的なイデオロギーを前面に出すことを止め経済中心の政治へと転換した 1970 年代以降も，一貫して保革イデオロギーを構成する主たる軸となっていることを示している．その後も，イデオロギーの観点から有権者の争点態度を捉える研究は継続されており，JES Ⅲ調査や明るい選挙推進協会調査のデータを用いた分析によって，2000

年代においても，基本的には保革イデオロギーは残存していることや（平野，2005；竹中，2008），社会福祉や小さな政府といった争点については，有権者の社会経済的バックグラウンドの影響が大きくなる一方で，安全保障争点については従来の保革対立が残存すること（平野，2005）などが明らかにされている．

しかし一方で，実証的イデオロギー研究における分析手法について考えると，歴史的な経緯から明らかにされた安全保障と旧体制への態度が日本人の保革イデオロギー対立の原型となっているという知見はともかくとして，その後も保革イデオロギーを構成する主たる軸となり続けてきたという知見については別解釈の可能性が存在するように思える．蒲島・竹中（1996）の研究以降用いられてきた一般的な分析手法は，有権者における個別の争点態度の項目，および0から10までの11段階のリッカート尺度を用いた保革イデオロギー項目に対して，因子分析を行うことで争点態度の構造化を行うものである．安全保障と旧体制への態度に関わる争点が常に保革イデオロギーの中心となってきたという知見は，具体的には，これらの争点態度が因子分析において常にひとつの因子を形成してきたこと，およびその因子とリッカート尺度による保革イデオロギー項目が強い関連を持っていたということである．

コンバース（Converse, 1964）やラスキン（Luskin, 1987）による政治的洗練性の定義のひとつとして，信念体系において争点態度が相互制約を持って構造化されている度合いが用いられているが，日本の実証的イデオロギー研究において明らかにされたことは，安全保障と旧体制への態度は争点の構造化の度合いが高いということである．しかし，争点の構造化の度合いが高いということから，有権者の信念体系が，安全保障や旧体制に対する態度を中心に構成されているといえるかどうかには疑問が残る．チョン（Chong, 1993）が指摘しているように，有権者の争点に対する態度は，調査票の選択式項目への回答に比べて複雑であり，彼らの回答は，質問をどのようなフレームで受け取るかという点に強く影響される．したがって，調査票を作成した研究者と回答者のフレームが共通している場合には，関連する争点同士の相関や異なる年度における同一争点の相関は高くなる一方で，両者のフレームが食い違う場合には相関が低くなると考えられる．さらには，選挙調査の質問項目を作成する研究者が政治的エリートに近いことは，これまで述べてきた通りである．つまり，有権者の安

全保障と旧体制への態度が構造化されているということは，これらの領域に属する争点における政治的エリートによる公的なディスコースと一般有権者のフレームの一致を反映しているとも解釈できるのではないだろうか．

5-3　仮説：争点の直接経験性に基づくイデオロギー研究の再解釈

これまで述べてきたマスメディアの議題設定効果研究における争点の直接経験性および実証的イデオロギー研究における争点の構造化という2つの内容を合わせると以下のように理論仮説を導出することができる．

蒲島・竹中（1996）による研究以降，1960年代から2000年代に至るまで安全保障と旧体制への態度は保革イデオロギーを構成する主たる軸となり続けており，これらの争点についての構造化の度合いは常に高いという知見が明らかにされてきた．しかし，争点の構造化の度合いについては，政治的エリートによる公的なディスコースと一般有権者のフレームの一致度が高いことからも説明が可能であり，安全保障と旧体制への態度におけるフレームの一致度が争点の構造化の度合いの原因のひとつとなっている可能性がある．さらには議題設定効果における争点の違いについての議論を参考にすると，フレームの一致度が高い原因として，安全保障と旧体制に関わる争点については，争点の直接経験性が低いことがあるのではないだろうか．

　理論仮説：間接経験争点である安全保障と旧体制に関する争点においては，
　　　　　　直接経験争点であるその他の争点に比べて，政治的エリートによ
　　　　　　る公的なディスコースと一般有権者のフレームの一致度が高い

この仮説を実証的に検討するため，以下のような作業仮説を立てた．まずは，安全保障と旧体制に関する争点がマスメディアからのみ情報を得ることのできる間接経験争点であり，それ以外の経済や福祉などに関連した争点が日常生活における経験からも情報を得られる直接経験争点であるという点について，検証を行う必要がある．この検証を回帰分析によって行う場合，独立変数はマスメディアへの接触および日常生活における経験となるが，従属変数，つまりは情報入手の帰結としてはどのような変数を想定すればよいのであろうか．この

点についてはキムら (Kim, Scheufele, and Shanahan, 2005) の研究が参考になる.彼らの研究によれば,ニュースへの接触は自身の争点態度の成極化および選挙における候補者の争点態度の把握と関連しており,これらが満たされることで有権者が争点に基づく投票を行うための要件が満たされるとされる. JES Ⅲ 調査に含まれる質問項目の制約上,本書においては自身の争点態度の成極化を取り上げる.争点態度の成極化にマスメディアおよび日常生活における経験という情報源が影響するかどうかを検討することで,間接経験争点と直接経験争点の違いを検討できると考えられる.

日常生活における争点に関する経験の量を,複数の争点に跨る形で尺度化することは困難であるため,リンら (Lin, Fu, and Hsung, 2001) によるポジション・ジェネレーターを用いて測定したネットワーク多様性によって代替する.この尺度は,職業威信スコアによって階層化された多様な職業の人々と,日常生活の中でどれだけ交流があるかを測定する尺度である.日ごろの交流におけるネットワークが多様であることは,日常生活における活動が多様であることと深く結びついており,結果として,さまざまな経験や観察を行う機会,マスメディアからではなく対人関係を通じて情報を得る機会も増えると考えられる.また,逆に考えれば,人々との交流を経ずして多様な経験や観察の機会を得るということは難しい.以上のことから,ネットワーク多様性を日常生活における経験の指標として用いる.

なお,日常生活における経験は直接経験争点のみに影響するが,マスメディアからの情報は間接経験争点のみならず,直接経験争点に対しても影響しうる.しかし,日常生活からも情報を得られる争点においては,その影響は限定的となるであろう.以上の議論から,2つの作業仮説を導くことができる.

作業仮説1:安全保障と旧体制に関する争点において,マスメディアが争点態度の成極化に影響する

作業仮説2:(安全保障と旧体制とは関連しない)経済や福祉に関連した争点においてのみネットワーク多様性が争点態度の成極化に影響する

ただし,ポジション・ジェネレーターを用いたネットワーク多様性を代替変

数とする上では考慮しておくべき点が2つあると考えられる.

　第一は,ポジション・ジェネレーターにおけるネットワークが職業威信スコアによって階層化されたものであるという点である.もし,本書で用いたネットワーク多様性が対象者自身の階層達成を表す尺度となっているとすれば,階層達成の結果として政治に対する関与が強まり争点態度が成極化するといった,本書が想定しているものとは異なるプロセスが成り立つ可能性がある.しかし,本章の分析で用いたJESⅢデータにおける分析の結果はこの解釈には懐疑的なものである.ネットワーク多様性と回答者の主観的所属階層[4]との相関係数は0.04であり,統計的に有意な値ではなかった.したがって,ネットワーク多様性における職業が職業威信スコアによって階層化されたものであることは間違いないものの,そのことをもってこの尺度が自身の階層達成を表すものだということはできない.また,本章におけるネットワーク多様性の尺度が,職業威信スコアを用いた階層とは関わらないネットワークの多様性とも強く関連しているということを示すデータも存在している.稲増・志村・大髙・池田(2008)は,職業威信スコアによって階層化された職業に就いている人々との関係性の有無を測定するポジション・ジェネレーターを垂直的ネットワーク多様性であると考え,これに対して,職業威信スコアが50前後のさまざまな職業に就いている人々,社会的マイノリティー,異なる地域に居住する人々,年齢が異なる人々との関係性の有無を測定する水平的ネットワーク多様性の尺度を作成した.大学生およびインターネット調査会社の登録サンプルを用いた調査において,垂直的ネットワーク多様性(ポジション・ジェネレーター)と水平的ネットワーク多様性は0.6程度の相関を持つことが確認されている.以上のことより,本章において用いる(垂直的)ネットワーク多様性の尺度は,対象者本人の階層達成ではなく多様なネットワークを測定する尺度として用いることができるものであると考えられる[5].

---

4) 第4章で統制変数として用いたものと同じ項目である.

5) また,欠損が多いため実際の分析には投入しなかったが,主観的社会階層や世帯年収をコントロールした場合に,本章の分析におけるネットワーク多様性と争点成極化との関連には変化は見られない.あるいは仮説を支持する方向で有意性が高まったという結果も,少なくとも本章の分析においてはネットワーク多様性が対象者自身の階層的な達成の指標となっていたとは考え難いことを示唆している.

第二は，自分とは異なる意見を持つ他者との交流が態度決定を遅らせ政治参加を抑制するというマッツ（Mutz, 2006）による研究結果を考慮すると，ネットワーク多様性を独立変数として用いた場合には，ネットワークが多様であるほど相異なる意見に触れる機会が増え，それによって意見が相殺され中間的な意見に近づくという逆の効果が検出される可能性が存在するということである．もちろん，このような現象自体の存在は否定されるものではないが，以下の点から本章の分析においてそれが検出される可能性は高くないと考えられる．まず，マッツ（Mutz, 2006）は特定の争点について異なる態度を持つ他者が接触する状況を実験によって作り出しているが，実社会では，異質な他者との接触による態度の相殺や政治参加の抑制という現象は，多くの有権者が何らかの意見を持つ顕出性が高い争点に関して見られるものであると考えられる．一方で，本書において用いた争点は，郵政民営化の是非が大きな注目を集めた2005年の衆院選時において，必ずしも顕出性の高い争点とはいえないものである[6]．これらの争点を対象とした場合には，異なる意見に接することで態度が相殺されるかどうかよりは，そもそも態度が形成されるかどうかという点における違いが検出される可能性が高いと考えられる．また，マッツ自身も述べているように，異なる意見を持つ他者同士の接触は決して頻繁に見られる現象とはいえない．とくに，本書のネットワーク多様性の尺度が対象とするそれほど親しくない他者との関係性においては[7]，意見が異なると想像できる場合には，争点についての言及自体が抑制される可能性が高い．したがって，この尺度は異なる意見がぶつかるというよりは，まず何らかの意見を持つという段階における情報提供を検出する可能性が高いと考えられる．さらには，本書と同様のJESⅢデータを用いてネットワーク多様性が政治参加にもたらす影響を検討した池田・小林（2007）による研究において，ネットワーク多様性が政治参加を抑制するどころか両者が正の関係性を持っていたことからも，本書の分析においてマッツ（Mutz, 2006）が明らかにしたような態度の相殺が検出される可能性は

6）実際に用いた争点のリストについては第5-4節において取り上げる．
7）このような関係性をグラノベッター（Granovetter, 1973）は弱い紐帯と呼んだ．リンら（Lin et al., 2001）が開発したネットワーク多様性の指標が弱い紐帯の測定に適しているという点についてはエリクソン（Erickson, 2004）を参照．

低いと考えられる.

　作業仮説1と2は，マスメディアによる報道とネットワーク多様性が態度の成極化にもたらす影響の違いから安全保障と旧体制に関わる争点とその他の争点の違いを検証するものであった．それに加えて，態度の方向性そのものに対する情報源の影響についても，間接経験争点と直接経験争点において異なると考えられるため，この点からも安全保障と旧体制に関わる争点とその他の争点の違いを検証することが可能であろう．間接経験争点においてはマスメディアによる報道が有権者の態度自体に影響を与えうるのに対して，直接経験争点においては日常生活からの経験によって影響が希釈されると考えられる．結果として，マスメディアによる報道の違いが有権者の争点態度の違いに結びつくのは，争点についての情報を得る手段がマスメディアに限られている場合のみであろう．作業仮説3は以下の通りである．

　作業仮説3：安全保障と旧体制に関する争点においてのみ，有権者が接触しているマスメディア（新聞）の違いが争点態度に影響する

　作業仮説1から3までは，安全保障と旧体制に関する争点が間接経験争点としての特徴を持つものであるということを検証するための仮説であったが，作業仮説4はフレームの一致度に関する仮説である．フレームの一致度の測定については，恣意性を極力排除するとともに多くのデータを分析するため，前章同様コンピューターを用いたテキストデータの計量分析手法を用い，使用される語句の類似度を尺度とした．

　作業仮説4：安全保障や旧体制に関する争点においては，経済や福祉に関連したその他の争点よりも，有権者とマスメディアの使用する語句の類似度が高い

5-4　方法：JES Ⅲ調査と内容分析

用いる社会調査データ

　分析に用いたのは，2005年9月1-10日に調査が行われたJES Ⅲ（Japanese

Election Studies Ⅲ) 8波，および同年9月15-26日に調査が行われた9波の調査データである．調査は面接法によって行われ，前年からのパネル（サンプリング方法は，地域と都市規模による層化二段無作為抽出法）で計画サンプル2134に対し，8波においては1517の有効回答を得た（回収率71%）．9波については1511の有効回答を得たため，8波で強い拒否のあったサンプルを除く回収率は87%であった．JES Ⅲ調査は2001年から05年にかけて行われた全9波に渡る大規模な調査であるが，ネットワーク多様性の測定項目が含まれるのは2005年衆院選事後調査（9波）であるため，この9波，および05年衆院選事前調査である8波を分析に用いた．

争点のリスト（従属変数）

JES Ⅲの9波には，「賛成」「どちらかといえば賛成」「どちらともいえない」「どちらかといえば反対」「反対」の5段階で尋ねる争点に関する質問が16項目含まれていた．そのうち，賛成もしくは反対に回答が偏る合意争点を除いた6争点を分析の対象とした．分析に用いた項目は，以下の通りである．

1. 日本の防衛力はもっと強化するべきだ（防衛力の強化）
2. 日本が譲歩しても外国との貿易摩擦をすみやかに解消するべきだ（貿易摩擦）
3. 日本が過去にアジアの人々に与えた被害に対する反省と謝罪がまだ足りない（アジアの人々への謝罪と反省）
4. 日米安保体制は現在よりもっと強化するべきだ（日米安保の強化）
5. 公務員や公営企業のストライキを認めるべきだ（公務員のストライキ）
6. お年寄りや心身の不自由な人は別として，すべての人は社会福祉をあてにしないで生活しなければならない（社会福祉の充実）

また，JES Ⅲの8波には，「A　今の憲法は時代に合わなくなっているので，早い時期に改憲した方がよい」「B　今の憲法は大筋として立派な憲法であるから，現在は改憲しない方がよい」という2つの意見に対して，自分の意見を「Aに近い」「どちらかといえばA」「どちらかといえばB」「Bに近い」の4段階で尋ねる質問が含まれていたため，これを憲法改正争点に対する意見として

用いた.以上の7つの争点のうち,安全保障と旧体制に関する争点は防衛力の強化・日米安保の強化・アジアの人々への謝罪と反省・憲法改正の4つであり,それ以外の争点は貿易摩擦・公務員のストライキ・社会福祉の充実である.

争点に対する成極化の尺度を作成する際には,9波の質問については,「賛成」および「反対」を2点,「どちらかといえば賛成」および「どちらかといえば反対」を1点,「どちらともいえない」および「DK/NA」を0点としてコードした.8波の質問については,「Aに近い」および「Bに近い」を2点,「どちらかといえばA」および「どちらかといえばB」を1点,「DK/NA」を0点としてコードした.

独立変数

作業仮説1と2の検証に際しては,マスメディアへの接触量として,JES Ⅲ 8波においてリストアップされている19のテレビニュース番組,および13の新聞について,それぞれ接触している番組・新聞数をカウントした変数を用いた.また,作業仮説3の検証においては,読売・朝日・毎日・日経・産経の5大全国紙への接触を変数として用いた.

ネットワーク多様性の尺度化においては,リンら (Lin et al., 2001) らのポジション・ジェネレーターを参考に作成された JES Ⅲ 9波の質問を用いた.この質問においては,23種類の職業をリストアップした上で,それぞれの職業について男性・女性それぞれの知り合いがいるかどうかが尋ねられていた.分析に使用したのは,日本において職業威信スコアが算出されている16種類の職業である.この項目における回答に対して,知り合いの数をカウントすることで,日常生活におけるネットワーク多様性の尺度を作成した.

統制変数

本章の分析においては JES Ⅲ 8波において測定されたいくつかの変数を統制変数として用いており,これらの変数は3つのカテゴリーに分けることが可能である.第一のカテゴリーは,投票行動研究において一般的に用いられデモグラフィック要因であり,「性別」「年齢」「学歴」「居住年数」「都市規模」という変数が含まれる.第二のカテゴリーは,政治に対する関与を測定する項目

であり,「政治知識」と「政治関心」が含まれる.「政治知識」は, 回答者に省庁名を知っているだけ挙げてもらい, その数をカウントするという形で測定しており,「政治関心」については前章同様,「かなり注意を払っている」「やや注意を払っている」「あまり注意を払っていない」「ほとんど注意を払っていない」という4件法の尺度を用いた. 第三のカテゴリーは, 有権者の基本的な政治的態度であり,「自民党支持度」「民主党支持度」「イデオロギー」の3変数が含まれる. それぞれの政党に対する支持度は「支持しない」「弱支持」「支持」「強支持」の4件法で測定されており, イデオロギーは前章同様「0＝もっとも革新的」から「10＝もっとも保守的」までの11件法で測定されている.

内容分析データ

　マスメディアと一般有権者のフレームの一致度を検証するにあたっては, 社会調査における選択式項目を用いた分析のみでは不可能であり, マスメディアの報道や有権者の発言 (自由回答) の内容分析を行う必要がある. さらに, 同一の選挙において, 安全保障と旧体制への態度に関わる争点と, それ以外の経済や福祉に関連した争点が, 取り上げられていなければならない. 先に挙げたJESⅢ8波と9波データは2005年衆院選を対象としているが, この選挙における主要な争点は「郵政民営化」のみであり, 本書の分析対象としては適切でない. 本章で用いるテキストデータは, 前章においても用いた2007年7月に行われた第21回参議院議員選挙における新聞報道, および争点自由回答データである. 前述の通り, 2007年参院選においては,「憲法改正」を争点化しようとした与党側に対して,「年金」を争点化した野党側が勝利したという巷説にあるように, この2つの争点が共に取り上げられており, 安全保障と旧体制への態度に関わる争点とそうでない争点の比較が可能であることから, 本書にとって有用である. これらのデータについて,「年金」「憲法」という語とともに共起した語をカウントし, 上位に上がった語のうち, 新聞報道と有権者の自由回答で共通する語の割合を調べた.

5-5　メディア接触・ネットワーク多様性と争点成極化の関連

　作業仮説1と2の検証を行うため，それぞれの争点態度における成極化度合いを従属変数とした順序ロジット分析を行った．

　なお，以降の回帰分析においてはパネル落ちによるサンプルバイアスを解消するため，ウエイト補正を行った．具体的には，JES Ⅲ調査において層化二段無作為抽出を行うために用いた都市規模と地域に基づくサンプリングウエイトと年代と性別による事後層化ウエイトを組み合わせたウエイトを使用している．また，欠損値についてはEMアルゴリズムを用いて補完を行い，分析によって推定される各係数の信頼性の増大を図った．欠損値の補完にあたっては，本章における分析では直接使用しない1波から7波までのデータも用いている[8]．

　まずは，安全保障と旧体制への態度に関わる争点についての結果を表5-1に示す．順序ロジット分析の結果，「日米安保の強化」については新聞接触（$p<0.05$），「憲法改正」については「新聞接触」と「テレビニュース接触」の両方が成極化に対して正の効果を持っていた（$p<0.01$）．これらの争点は，ネットワーク多様性と統計的に有意な関係性を持っていないことから考えても，間接経験争点とみなしてよいであろう．一方で，「アジアの人々への謝罪と反省」については，マスメディアへの接触と関連を持たず，ネットワーク多様性と関連を持っていた．これは，当初の予測とは異なるものであるが，第5-3節で述べた通り本章の分析において用いたネットワーク多様性の尺度とアジア系の外国人などマイノリティーとの接触を含む水平的ネットワーク多様性尺度との相関が高いということから理由を推測できる．「アジアの人々への謝罪と反省」という争点は，旧体制への態度に関連した争点ではあるが，日常生活の中でアジアの人々や実際に戦争を経験した世代の人々との接触があるかという点によって影響を受けるものであり，ネットワーク多様性を用いた分析によってそれが検出されたということではないだろうか．そうだとすれば，この争点は安全保障と旧体制への態度に含まれるが，直接経験争点としての側面も持って

---

8) たとえば，2005年衆院選時における政治関心の欠損値をEMアルゴリズムによって補完する上で，2004年参院選時における政治関心変数は極めて有用である．

表 5-1　安全保障と旧体制への態度に関する争点の成極化

従属変数：争点意見の成極化	防衛力の強化 B		日米安保の強化 B		憲法改正 B		アジアの人々への謝罪と反省 B	
性別（1＝男性，2＝女性）	-0.46	***	-0.29	*	-0.27	*	-0.27	*
年齢	0.01	*	0.00		0.00		0.01	*
教育程度	-0.03		-0.01		0.07		-0.08	
居住年数	0.03		0.03		-0.02		-0.05	
都市規模	-0.05		-0.03		-0.03		-0.02	
政治知識	0.00		-0.02		-0.01		-0.03	+
政治関心	0.31	***	0.37	***	0.32	***	0.36	***
自民党支持	-0.06		-0.12	**	-0.12	***	-0.07	*
民主党支持	0.02		-0.01		0.11		-0.05	
保革イデオロギー	0.05		-0.08		0.03		0.00	
新聞接触	-0.02		0.24	*	0.32	**	0.06	
テレビニュース接触	0.01		0.01		0.10	**	0.02	
ネットワーク多様性	0.00		0.01		0.00		0.04	**
カットポイント1	-0.52		0.17		-1.49	*	-0.06	
カットポイント2	1.26		1.58		0.37		1.43	**
N	1352		1352		1352		1352	
LR chi squared(14)	81.30	***	76.39	***	101.30	***	91.33	***
疑似決定係数	0.03		0.03		0.04		0.03	

$+ < 0.1$　$* < 0.05$　$** < 0.01$　$*** < 0.001$

表 5-2　安全保障と旧体制への態度に関する争点の相関表

	日米安保		防衛力		憲法改正		謝罪と反省
日米安保	−						
防衛力	0.39	***	−				
憲法改正	0.32	***	0.28	***	−		
謝罪と反省	0.17	***	0.10	***	0.18	***	−

$*** < 0.001$

いるといえる．日常生活における経験や観察が，有権者の態度に影響するのであれば，争点の構造化の度合いは他の争点に比べて低くなると考えられるが，事実，他の3つの争点同士の相関に比べて，「アジアの人々への謝罪と反省」と他の争点との相関が低くなっている（表5-2）．

次に，安全保障と旧体制への態度に関連しない経済・福祉分野の争点におけ

表5-3 安全保障と旧体制への態度とは関連しない争点の成極化

従属変数：争点意見の成極化	貿易摩擦 B		国家公務員のストライキ B		社会福祉の充実 B	
性別（1＝男性，2＝女性）	-0.41	***	-0.58	***	-0.18	
年齢	0.00		0.00		0.01	**
教育程度	-0.10		-0.11	+	-0.07	
居住年数	0.03		0.00		-0.04	
都市規模	-0.01		0.02		0.01	
政治知識	-0.01		0.04	*	-0.01	
政治関心	0.17	*	0.18	*	0.27	***
自民党支持	0.03		0.00		-0.07	*
民主党支持	0.04		0.06		-0.03	
保革イデオロギー	0.07		0.04		0.00	
新聞接触	0.18		0.07		0.01	
テレビニュース接触	0.06	+	0.00		0.00	
ネットワーク多様性	0.04	*	0.03	*	0.02	+
カットポイント1	0.12		-0.38		-0.38	
カットポイント2	1.86		1.18		1.47	
N	1352		1352		1352	
LR chi squared(14)	65.30	***	88.81	***	57.05	***
疑似決定係数	0.02		0.03		0.02	

＋＜0.1　＊＜0.05　＊＊＜0.01　＊＊＊＜0.001

る成極化の度合いを従属変数として，順序ロジット分析を行った結果を表5-3に示す．この分析の結果，ネットワーク多様性が，「貿易摩擦」「国家公務員のストライキ」「社会福祉の充実」という3つの争点態度の成極化に対して正の効果を持ったことから（それぞれ，$p<0.05$; $p<0.05$; $p<0.1$），これらの争点は直接経験争点とみなしてよいであろう．なお，具体的にこれらの争点に対する態度の成極化に影響すると考えられる日常生活における経験としては，商社など貿易関係の仕事に就いている人や公務員との接触，行政サービスを受ける機会，高齢者や低所得者・障がい者・子どもなどとの接触といったことが考えられる．また，直接経験争点であるからといって，マスメディアの影響がまったく見られないとは限らないが，マスメディア接触との関連は貿易摩擦に対してテレビニュースが成極化を促進する傾向が見られたのみであり（$p<0.1$），安全保障と旧体制への態度に関連した争点に比べて相対的に弱かった．

　これらの結果を合わせて考えると，作業仮説1および作業仮説2は，おおむ

ね支持されており,「日米安保の強化」ならびに「憲法改正」という安全保障と旧体制への態度に関する争点は,間接経験争点であるために,日常生活におけるネットワークではなく,マスメディアからのみ情報の獲得が可能であり,それ以外の経済や福祉に関連した争点は,直接経験争点であるため,日常生活から情報を得ることが可能であるということが示唆される.ただし,「防衛力の強化」はマスメディア・日常生活におけるネットワークのどちらとも関連を持っておらず,「アジアの人々への謝罪と反省」は日常生活におけるネットワークとのみ関連しており,むしろ直接経験争点としての特徴を示していたことには注意が必要である.この点については次節の分析結果と合わせて第5-8節において考察を行う.

5-6 新聞接触による争点態度の違い

続いて,独立変数を読売・朝日・毎日・日経・産経の全国紙5紙への接触とした上で,各争点への態度を従属変数とした重回帰分析(OLS推定)を行うことで,作業仮説3を検証した.テレビについては番組数が多すぎる上に,各番組の争点に対する態度が明確とはいえないため,新聞接触のみを分析に用いた.表5-1および表5-3における分析において投入していたネットワーク多様性については,ネットワーク多様性によって争点態度が特定の方向に影響されるということは理論上想定されないため投入していない.なお,ネットワーク多様性を投入した分析を行った場合にも新聞接触と争点態度の関係性に変化は見られなかった.

分析の結果,表5-4および表5-5に示したように,新聞接触が5%水準で有意な関連を持ったのは,「日本の防衛力を強化すべき」「日米安保体制は強化すべき」「アジアの人々への謝罪と反省が足りない」という安全保障と旧体制への態度に関する3つの争点態度との間であった[9].それ以外の争点では,「日本が譲歩しても貿易摩擦は解消すべき」という争点態度に対して,10%水準で新聞接触が関連するという傾向が見られたのみであった.これは,安全保障と

---

9) ただし,表5-1における分析では間接経験争点としての特徴を示していた「憲法改正」争点は,ここでは新聞接触と統計的に有意な関連を持ってはいなかった.

表 5-4　安全保障と旧体制への態度に関する争点への態度と新聞接触の関連

	日本の防衛力を強化すべき		日米安保体制は強化すべき		憲法は改正すべきでない		アジアの人々への謝罪と反省が足りない	
	B		B		B		B	
性別(1 = 男性, 2 = 女性)	−0.41	***	−0.10		0.33	***	0.14	+
年齢	−0.01		−0.01	*	0.01	***	0.01	*
教育程度	−0.05		−0.11	**	0.06		0.13	**
居住年数	0.00		0.00		−0.04		0.02	
都市規模	−0.04		−0.04		0.01		0.02	
政治知識	−0.02	+	−0.03	**	0.01		0.01	
政治関心	0.08		−0.10	*	0.02		0.03	
自民党支持度	0.22	***	0.21	***	−0.30	***	−0.12	*
民主党支持度	−0.04		0.02		−0.11	*	−0.08	+
保革イデオロギー	0.03		0.08	***	−0.02		−0.10	***
読売新聞	0.18	*	−0.02		−0.12		−0.16	+
朝日新聞	−0.21	*	−0.16	*	0.08		0.04	
毎日新聞	0.19		0.07		−0.05		0.17	
日経新聞	0.04		0.21		0.00		−0.01	
産経新聞	0.40	**	0.35		−0.25		−0.52	**
定数	3.71	***	3.76	***	1.67	***	2.28	***
N	1304		1229		1159		1252	
決定係数	0.11		0.06		0.10		0.08	

+ < 0.1　* < 0.05　** < 0.01　*** < 0.001

　旧体制への態度に関する争点においてのみ，有権者が接触しているマスメディア（新聞）の違いが争点態度に影響するという，作業仮説3をおおむね支持する結果であるといえよう．ただし，この結果については注意すべき点が2点ある．まず，安全保障と旧体制への態度に関する3つの争点態度と接触する新聞の違いが関連を持っていたことについては，これらの争点が間接経験争点であることを示唆する結果といえるが，一方でこの結果だけをもって，それ以外の争点が直接経験争点であるということを示したとは言い難いという点である．貿易摩擦と国家公務員のストライキという争点については，2005年当時において少なくとも直接的に扱われることはまれな争点であり，接触する新聞の違いが争点態度に影響する余地が少なかったという可能性がある．社会福祉については，聖域なき構造改革というフレーズとともに社会保障費の抑制が実施され，自己責任という言葉が注目されていた時期であることを考えると，報道自体は存在していたと考えられるが，安全保障と旧体制への態度に関わる争点に

表 5-5　安全保障と旧体制への態度とは関連しない争点への態度と新聞接触の関連

	日本が譲歩しても貿易摩擦は解消すべき		国家公務員のストライキを認めるべき		高齢者や障がい者以外，福祉に頼るべきでない	
	B		B		B	
性別（1 = 男性，2 = 女性）	0.07		-0.03		-0.04	
年齢	0.01	***	0.00		0.01	***
教育程度	-0.05		0.12	*	-0.13	**
居住年数	0.02		0.00		-0.01	
都市規模	-0.01		-0.02		-0.06	+
政治知識	-0.03	**	-0.02	*	0.00	
政治関心	-0.05		-0.02		0.01	
自民党支持度	0.05		-0.17	***	0.06	
民主党支持度	0.04		-0.04		-0.03	
保革イデオロギー	-0.03		-0.02		0.02	
読売新聞	0.07		0.06		0.02	
朝日新聞	0.16	+	0.15		-0.05	
毎日新聞	0.05		0.10		0.06	
日経新聞	0.20	+	-0.01		0.03	
産経新聞	-0.18		-0.12		0.32	
定数	2.94	***	3.28	***	2.84	***
N	1217		1229		1274	
決定係数	0.05		0.06		0.06	

+ < 0.1　* < 0.05　** < 0.01　*** < 0.001

比べて，論調の差が小さかったという可能性も否定できない．さらには，新聞接触変数は8波における測定変数，憲法改正を除く争点態度の変数は9波における測定変数という形で独立変数が従属変数に対して時間的に先行する形にはなっているものの，本章における分析結果は有権者が自らの争点態度に沿った主張を持つ新聞を選択しているという逆の因果関係によるものである可能性は否定できない点にも留意する必要がある．

5-7　新聞報道と有権者におけるフレームの一致度

作業仮説4の検証に際しては，新聞報道と有権者の自由回答を用いて「年金」と「憲法改正」という2つの争点について比較を行った．前者は直接経験争点，後者は間接経験争点の一例である[10]．具体的な手続きとしては，まず新聞報道および有権者の自由回答において「年金」「憲法改正」という語と文中

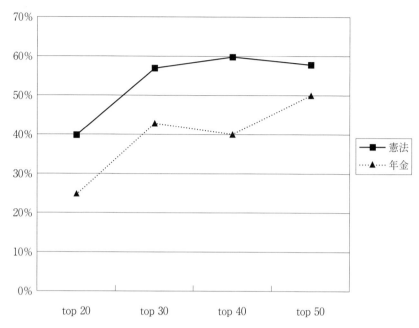

図 5-1　新聞報道と有権者の自由回答において年金および憲法と共起する語が共通する割合

において共起する語を調べ，その頻度が高い順に 50 語を抽出した．次に，新聞報道と有権者の自由回答で共通する語の割合を両者の一致率として求めた．たとえば，新聞報道において「年金」という語と共起した上位 50 語のうち，有権者の自由回答においても同様に上位 50 語に入るのは 29 語であり，この場合の一致率は 58％ ということになる．分析に際しては，登場頻度上位何語までの単語を用いるかという点によって結果が異なると考えられる．そのため，上位 20 語，上位 30 語，上位 40 語，上位 50 語を抽出したそれぞれの場合における一致率を示す．図 5-1 に示した結果は，「憲法」および「年金」という語と同一文中に共起した上位 20-50 語までの単語のうち，何％ の単語が新聞報道と有権者の自由回答において共通するかを表している．

　図 5-1 からは，一貫して「年金」よりも「憲法」の方が，新聞報道と有権者

---

10) 2007 年参院選においては，「日米安保」など「憲法改正」以外の安全保障と旧体制への態度に関わる争点は分析の対象とできるほど，取りざたされてはいなかった．

の自由回答において共通する語の割合が高いことがうかがえる．なお，上位20語（$p<0.05$），および上位40語（$p<0.1$）を抽出した場合には，χ二乗検定の結果も有意であった．争点に関する言及において実際に用いられた語については表 5-6（年金）および表 5-7（憲法）に示した通りである．

5-8　争点の直接経験性の違いがもたらすもの

本章においては，政治的エリートによる公的なディスコースと一般有権者のフレームが一致しやすい争点とそうでない争点との相違について，議題設定効果研究における争点の直接経験性という概念を援用することによって検証した．日本においては，安全保障や旧体制に対する態度に関連した争点の構造化の度合いが高く，これらの争点はイデオロギーの中心を占めるとされる．しかし，これまでの実証研究の中で示されてきた争点の構造化の度合いについては，政治的エリートによる公的なディスコースと一般有権者のフレームの一致度という外的な要因が関連している可能性がある．本章はこの点について検証を行ったものである．

その結果，「防衛力の強化」「安保体制の強化」「憲法改正」といった安全保障と旧体制への態度に関連した争点においては，マスメディアへの接触が争点態度の成極化あるいは態度の方向性の少なくともひとつと関連を持つ一方で，日常生活における対人ネットワークとは関連を持っていなかった．これらの争点は，争点についての情報源がマスメディアに限定される間接経験争点であるということが示唆される．また，「アジアの人々への謝罪と反省」という争点については，態度の方向性は新聞接触と関連を持つものの，態度の成極化は，当初の予想とは異なり，日常生活における対人ネットワークの影響を受けていた．しかし，「アジアの人々への謝罪と反省」争点が他の3争点に比べて相関は低かったという結果は，安全保障と旧体制への態度に関連した争点であっても，直接経験争点としての側面を持つ場合には，構造化の度合いが低くなることを示す結果であり，本章における仮説に沿うものだといえる．なお，「防衛力の強化」については態度の成極化，「憲法改正」については態度の方向性を従属変数とした場合に仮説を支持する結果が得られなかったという点について

表5-6 年金と共起する語の新聞と一般有権者における比較

	新聞			有権者		
	単語	割合（%）	件数	単語	割合（%）	件数
1	参院選	11.99	696	思う	16.86	101
2	民主党	10.28	597	税金	12.85	77
3	問題	9.83	571	ある	11.02	66
4	政治	9.80	569	国民	10.85	65
5	争点	9.34	542	問題	10.85	65
6	自由民主党	9.13	530	社会保険庁	10.68	64
7	ある	8.34	484	支払う	9.18	55
8	記録漏れ問題	7.54	438	将来	8.35	50
9	訴える	7.29	423	人	8.18	49
10	国民	7.20	418	政治	7.85	47
11	お金	6.98	405	政治家	7.68	46
12	格差	6.63	385	ない	7.18	43
13	憲法	6.10	354	する	7.01	42
14	政府	5.91	343	現在	7.01	42
15	改革	5.80	337	責任	6.51	39
16	与党	5.74	333	消費税	6.34	38
17	年金記録	5.37	312	公務員	5.84	35
18	逆風	4.96	288	国	5.68	34
19	政党	4.91	285	お金	5.51	33
20	保険料	4.79	278	自分	5.51	33
21	消える	4.63	269	改革	5.18	31
22	基礎	4.55	264	考える	5.18	31
23	社会保険庁	4.53	263	自由民主党	5.18	31
24	不安だ	4.46	259	受け取る	5.18	31
25	責任	4.37	254	不安だ	5.18	31
26	今回	4.32	251	政党	4.84	29
27	有権者	4.29	249	言う	4.51	27
28	人	3.98	231	使う	4.51	27
29	記録	3.91	227	日本	4.51	27
30	大臣	3.77	219	憲法	4.34	26
31	関心	3.70	215	明確だ	4.17	25
32	支払う	3.58	208	所得	4.01	24
33	する	3.44	200	生活	3.67	22
34	政策	3.43	199	天下り	3.67	22
35	財源	3.34	194	解決する	3.51	21
36	対策	3.32	193	格差	3.51	21
37	共産党	3.31	192	教育	3.51	21
38	国	3.31	192	ずさんだ	3.34	20
39	対応	3.19	185	増税	3.34	20
40	批判	3.13	182	しっかり	3.17	19
41	消費税	3.03	176	政府	3.17	19
42	ない	2.96	172	必要	3.17	19
43	現在	2.96	172	無駄	3.17	19
44	記録問題	2.91	169	与党	3.17	19
45	教育	2.86	166	重要だ	3.01	18
46	最大	2.84	165	政権	3.01	18
47	総理	2.81	163	改正	2.84	17
48	所得	2.77	161	今回	2.84	17
49	支持	2.70	157	対策	2.84	17
50	安倍晋三	2.64	153	待つ	2.50	15

表5-7 憲法と共起する語の新聞と一般有権者における比較

		新聞			有権者	
	単語	割合（%）	件数	単語	割合（%）	件数
1	9条	31.02	786	改正	45.71	64
2	年金	15.23	386	9条	39.29	55
3	守る	13.93	353	年金	18.57	26
4	参院選	10.02	254	思う	17.14	24
5	改正	9.71	246	戦争	16.43	23
6	訴える	9.08	230	日本	14.29	20
7	政治	8.56	217	ある	12.86	18
8	自由民主党	7.97	202	改正する(否定)	12.86	18
9	ある	7.85	199	守る	12.14	17
10	平和	7.34	186	国	10.71	15
11	格差	7.22	183	現在	10.00	14
12	共産党	7.22	183	国民	10.00	14
13	政党	7.22	183	問題	9.29	13
14	国民	6.67	169	議論	8.57	12
15	民主党	6.63	168	考える	7.86	11
16	争点	6.59	167	ない	7.14	10
17	社民党	6.27	159	必要	7.14	10
18	議論	5.84	148	教育	5.71	8
19	変える	5.84	148	世界	5.71	8
20	教育	5.64	143	反対	5.71	8
21	日本	5.52	140	平和	5.71	8
22	新しい	5.45	138	憲法改正問題	5.00	7
23	反対	5.09	129	今回	5.00	7
24	問題	4.85	123	作る	5.00	7
25	国	4.50	114	将来	5.00	7
26	安倍晋三	4.42	112	政治	5.00	7
27	戦争	4.14	105	政党	5.00	7
28	お金	4.03	102	戦後	5.00	7
29	改憲	3.87	98	お金	4.29	6
30	必要	3.75	95	恐ろしい	4.29	6
31	思う	3.59	91	自分	4.29	6
32	現在	3.51	89	自由民主党	4.29	6
33	今回	3.51	89	消費税	4.29	6
34	自衛隊	3.35	85	反対だ	4.29	6
35	増税	3.35	85	改革	3.57	5
36	国民投票法	3.31	84	改憲	3.57	5
37	する	3.28	83	見直し	3.57	5
38	掲げる	3.28	83	現状	3.57	5
39	自衛隊	3.28	83	考え	3.57	5
40	改正する(否定)	3.24	82	自衛隊	3.57	5
41	改悪	3.20	81	重要だ	3.57	5
42	改革	3.20	81	政権	3.57	5
43	公明党	3.00	76	政治家	3.57	5
44	政策	3.00	76	税金	3.57	5
45	集団的	2.96	75	不安だ	3.57	5
46	総理	2.84	72	変える	3.57	5
47	ない	2.80	71	放棄	3.57	5
48	目指す	2.80	71	明確だ	3.57	5
49	考える	2.76	70	野党	3.57	5
50	制定	2.72	69	安易だ	2.86	4

は，今回のデータのみから原因を解明することは難しい．今後，異なる複数の選挙における分析結果を比較することにより，本章における仮説の一般化可能性や随伴条件について，さらなる検討を進めていく必要がある．

一方で，「貿易摩擦」「国家公務員のストライキ」「社会福祉」といった争点の成極化に対しては，マスメディアへの接触の影響は小さく，日常生活における対人ネットワークの影響を受けていた．これらの争点は，日常生活における経験や観察から得ることのできる直接経験争点であるといえよう．さらには，テキストデータの計量分析手法を用いて，「憲法」と「年金」という争点について語られる際の，新聞報道と有権者の自由回答における語句の類似度を調べたところ，「憲法」の方が，語句の類似度が高いという結果が得られた．

以上の分析結果を合わせて考えると，安全保障と旧体制への態度に関連した争点の多くは，日常生活における経験や観察から情報を得ることのできない間接経験争点であるため，政治的エリートによる公的なディスコースと一般有権者におけるフレームの一致度が高く，結果として，争点の構造化の程度が高くなっているという解釈は，妥当なものであるように思える．

それ以外の経済や福祉に関する争点については，有権者の日常生活における経験や観察の影響を受けるため，社会調査によって測定された争点の構造化の度合いは低くなりがちだが，これは彼らの社会調査への回答や争点態度がでたらめであるということを必ずしも意味していない．選挙研究者を含む政治的エリートの捉え方とは一致しないものの，有権者独自の争点の構造化がなされている可能性は十分に存在するといえよう．

以上は本書が持つ理論上のインプリケーションであったが，本章においては実際の選挙に対して持つインプリケーションについても述べたい．安全保障と旧体制への態度といった間接経験争点については，日常生活から情報を得ることができないため，こういった争点を選挙戦の中心に据えることは，選挙を日常の文脈から切り離し，メディアによる有権者の説得合戦へとつなげる危険性を秘めているともいえる．また，争点の構造化の度合いが高いということの悪影響に注目すれば，人々の議論が教条主義的で柔軟性に欠けるものとなる危険性を孕むともいえる．一般有権者とフレームが一致する間接経験争点に対する態度は，政治的エリートにとって理解しやすいものであるかもしれないが，こ

れらの争点を選挙戦において顕出化させる際には，政治家やジャーナリストには細心の注意が求められる．一方で，一般有権者独自の視点が存在するために捉えにくい直接経験争点に対する態度を把握することが，政治的エリートに求められるともいえよう[11]．

---

11) これは第6章以降の議論とも関連するが，政治的エリートが直接経験争点を重視することで有権者の支持を容易に獲得できるということを意味するわけではない．むしろ，直接経験争点においては，日常生活における経験から情報を入手できるがゆえに，一般有権者との視点の乖離や政策の失敗によって支持を失う事態は起こりやすいと考えられる．

第Ⅲ部
一般有権者が政治を捉える
フレームの詳細とその影響

第6章
質的面接調査による一般有権者が政治を捉えるフレームの詳細の検討

6-1 研究の概要と方法

　本章は[1]，一般有権者が政治を捉えるフレームの具体的な内容を明らかにするために，質的面接調査による検討を行ったものである．第Ⅰ部において述べた通り，日本においては，オーラルヒストリーなど政治的エリートを対象とした面接による研究は行われているものの，一般有権者はもっぱら量的な社会調査の対象とされてきており，一般有権者を対象とした質的面接調査による研究は非常に少ない．本章における研究は，その貴重な一例といえるであろう．

　面接が行われた 2009 年 3 月における政治状況の概要は以下の通りである．2007 年の参院選において自民公明連立与党が敗北し民主党が第一党の地位を占めたことによって，衆・参議院において多数派が異なるねじれ国会の状態にあった．また，06 年に小泉純一郎首相が任期満了に伴い退陣して以降，安倍晋三，福田康夫，麻生太郎と総理大臣が約 1 年ごとに交代を繰り返していた時期である．一方の野党第一党である民主党の小沢一郎代表についても西松建設からの献金問題が発覚し，与党および国民からの激しい批判を受けることとなった．国会における議論の的となっていた政策としては，テロ特措法の延長や定額給付金などが挙げられる．さらには，政策以外にも，麻生太郎首相の演説における漢字の読み間違いや金銭感覚など，首相の個人的資質に関わるゴシッ

---

1) 本章の内容については，第 50 回日本社会心理学会大会において「24 の政治的語り　その 1：一般有権者が見た日本政治」（稲増・池田，2009）というタイトルで発表された．

プが週刊誌等の報道において大きく取り上げられていた．なお，次の国政選挙が実施されたのは2009年の8月末であり，面接実施から約半年の期間があることから，選挙時に行われることの多い社会調査とは異なり，本書は非選挙時における有権者の政治の捉え方を明らかにしたものである．

　面接の対象となったのは，政治家やジャーナリストのように政治を職業とはしてしない，1都3県在住の有権者24名である[2]．なるべく多様な社会属性を持った有権者を対象とするため，知人などに面接を依頼するのではなく，インターネット調査会社である株式会社クロスマーケティングのリサーチパネルに対してメールを送信し，面接参加者を募集した．参加者を集める際の手順は以下の通りである．まず，7000名を対象としてスクリーニング調査を行い1547名からの回答を得た．そのうち，参加を希望したのは251名であり，その中から，性別（男・女）×年齢（40歳未満・40歳以上60歳未満・60歳以上）×政治参加数[3]（3種類以上・2種類以下）という3つの属性によってサンプルを層化し，各層から2名ずつを抽出した．

　面接対象者には募集の際に交通費を含めて6000円の謝礼を支払うことを伝えている．一般的な社会心理学実験と比較すると謝礼は高額であるが，面接が長時間に及ぶこと，面接対象者が学生ではなく全員社会人であること，対象を政治に強い関心を持つ有権者に限定しないという目的に照らし合わせれば妥当といえよう．面接時間は1時間程度を予定していたが，最短35分から最長2時間程度と，参加者によって幅が見られた．面接場所は東京大学社会心理学研

---

2) 過去の多くの選挙研究において，居住する地方や都市規模といった変数が政治行動に影響していることを考えても，有権者が政治を捉えるフレームは居住する地域によって異なることは十分に考えられる．そのため，対象者を1都3県の有権者に限定したことは本書の限界といえる．この点については今後の課題として終章において詳しく述べる．

3) 政治参加数の測定に際しては，以下の14項目について過去5年間に行ったことがあるかを複数回答方式で尋ねた．これらの質問項目はJES Ⅲ・JES Ⅳ調査において用いられているものである．
「選挙で投票した」「自治会や町内会で活動した」「必要があって地元の有力者と接触した（会う，手紙を書くなど）」「必要があって政治家や官僚と接触した」「議会や役所に請願や陳情に行った」「選挙や政治に関する集会に出席した」「選挙運動を手伝った（候補者の応援など）」「市民運動や住民運動に参加した」「請願書に署名した」「献金やカンパをした」「デモに参加した」「インターネットのホームページや掲示板などで，政治について意見を述べた」「マスコミに連絡，投書，出演などをして意見を表明した」「政治的，道徳的，環境保護的な理由で，ある商品を買うのを拒否したり，意図的に買ったりした」

究室である．面接はすべて筆者および共同研究者の2名によって行われた．なお，質問項目の確認を行うとともに筆者および共同研究者が面接に慣れるため，事前に3名の知人を対象としたプリテストを行っている．

対象者の自発的な語りの中からフレームを析出するため，面接においては基本的に「〇〇についてご自由に話していただけますでしょうか」といった形での質問を行い，対象者が回答につまった場合には無理に回答を求めることはせず，次の質問に移行した．また，簡単な事実確認を除いて前の質問における対象者の回答内容を研究者が引用することは避け，研究者が複数の質問を結びつけることでフレームの形成を促してしまわないよう注意した．さらには，政治という話題を扱っているため，対象者から「この問題についてあなた自身の意見はどうか」といった逆質問をされることもあったが，その場合には対象者の意見を始めに述べてもらうようお願いし，研究者の意見に対応して述べられた内容については分析から除外した．

面接における質問内容

本書は半構造化面接の形態を取っており，面接対象者との会話の進行によっては質問内容が異なる部分，その場で追加された質問なども存在するが，あらかじめ設定されていた質問は以下の10項目である．

① 政治について連想すること
② 最近の日本の政治状況について
③ 政治と自分との関連について
④ 政治的概念に関する理解（民主主義・保革イデオロギー）
⑤ 争点についての意見（憲法改正・テロ特措法・アジアの人々への謝罪と反省・消費税率上げ・定額給付金）[4]
⑥ 争点に関する会話・議論経験
⑦ 政治的ゴシップ（麻生首相の漢字の読み間違いなど）に関する会話経験

4）第5章の内容に合わせて考えると，憲法改正・テロ特措法は安全保障と旧体制への態度に関わる間接経験争点，消費税率上げ・定額給付金は直接経験争点，アジアの人々への謝罪と反省は安全保障と旧体制への態度に関わる争点だが直接経験争点としての特徴を併せ持つ争点だと考えられる．

⑧ 政治参加の内容ときっかけ
⑨ 家族や職業について
⑩ 政治について話す相手について

　①②③は，有権者による政治の捉え方について直接尋ねるものである．ある意味では，これらの問いに対する回答が一般有権者における政治の捉え方を表すものであるといえるかもしれない．しかし本書においては，以下の2つの理由からそれだけでは不十分と考える．

　第一に，第3章において述べた通り，ゴフマン（Goffman, 1974）による「世界を理解するための枠組み」というフレームの定義を参考に，本書においては，フレームを「政治を捉える枠組み」と定義づけており，フレームが政治情報の処理に用いられることを前提としている．したがって，本書においては「政治とは何か」という有権者の漠然としたイメージを明らかにするだけでなく，実際の政治的事象を提示した上でその情報処理においてどのようなフレームが用いられるのかということを検討する必要がある．そこで，政治的エリートが用いる抽象的概念（④）や政策争点（⑤）について尋ねることで，有権者が政治について語る際にどのようなフレームが用いられるのかということを明らかにする．政策争点を対象とした理由は，有権者が政治参加において求められる情報処理の中で，政策について理解した上で候補者や政党を選択するという過程はもっとも重要といえるためである．また一方で，第Ⅰ部において述べた通り，一般有権者においてはこれらを統合する抽象概念への理解が乏しいということが，キャンベルら（Campbell et al., 1960）やコンバース（Converse, 1964）以降の研究において示されている．これらの概念について有権者が日常生活における経験を通じて獲得したフレームを用いて理解することができているかどうかという点は，政治的エリートとは異なる一般有権者のフレームが存在するのかということを考察する上で重要であるため，政治的エリートが用いる抽象的概念についての質問を設定した．

　第二に，本書は第1章で述べた通り，副産物的政治情報入手についての先行研究がメディアを対象としたものに偏っている現状を鑑み，日常生活における副産物的政治情報入手に注目している．したがって，有権者が用いているフレ

ームがどのようなものかということだけでなく，有権者がどのような場面において政治情報を入手し，フレームを獲得するに至ったのかという点を明らかにする必要がある．そのため，⑥⑦⑩においてはコミュニケーションを通じた政治情報の入手に関する質問を行っている[5]．⑧では過去に行った政治参加の内容ときっかけの詳細，⑨では基本的な属性についての質問を通じて，どのような過程を通じて対象者が政治と関わりを持つようになったのかを尋ねている．なお，⑦における週刊誌やワイドショーで扱われるようなゴシップについての質問や，⑧に含まれる「自治会や町内会における活動」「政治・倫理・環境保護的観点に基づく商品選択」といった活動など，必ずしも政治的とみなされるとは限らない内容を含めることで，有権者がふだん政治的とは意識していないが，広い意味では政治に関連している行動までを研究の対象とすることを意図している．

面接対象者の詳細

　面接の対象となった24名を年代・性別・政治参加数という層化に用いた変数についてまとめたものが表6-1である．なお，本書においては，個人情報保護の観点から，面接対象者を氏名ではなく表6-1にあるアルファベットを用いて表記する．また，本文中において，居住地（市区町村レベル以下の情報）や対象者が所属する企業名・団体名，地方議員の個人名など，対象者を特定することにつながるような情報については伏せ字で表現することとした．

結果のまとめ方

　面接内容は事前に対象者の同意を得た上で録音され，分析の際には内容を書き起こしたものを用いた．得られた面接内容については，質問に対する回答を話題ごとに切り分けた後で，それらの話題に対してKJ法を用いて内容の類似性をもとに分類することで，フレームの析出を試みた．各話題をまとめる際には，書き起こした本文を必ず確認している．フレームのラベルについては特定

---

[5] なお，この内容の項目数が多い理由としては，本書自体の関心や目的とは別に，共同研究者の主たる関心が日常生活における政治的コミュニケーションの解明にあったということがある．

表6-1 面接対象者の属性情報

	年代	性別	政治参加数
A	20代	女性	0
B	20代	女性	0
C	20代	女性	4
D	30代	女性	4
E	30代	男性	1
F	20代	男性	1
G	30代	男性	3
H	20代	男性	3
I	40代	女性	1
J	50代	女性	1
K	40代	女性	3
L	50代	女性	3
M	50代	男性	1
N	50代	男性	1
O	40代	男性	10
P	50代	男性	9
Q	60代	女性	1
R	60代	女性	1
S	60代	女性	5
T	60代	女性	3
U	60代	男性	2
V	60代	男性	1
W	60代	男性	8
X	60代	男性	4

の先行研究における分類を直接用いているわけではないが，第Ⅰ部における議論を踏まえ，日常生活における経験に関連したフレームを析出した．詳しい内容については後述するが，析出されたフレームは「抽象的概念」「居住地域」「個人の生活」「仕事経験」「会話の通貨」の5つである．「抽象的概念」フレーム以外の4つは自らの日常生活における経験と政治を関連づけるフレームだといえる（それぞれのフレームについては6-2節以下で触れる）．

本章は，Uさんは「抽象的概念」フレームを用いるといった形で，対象者とフレームの一対一対応を試みるものではなく，一人の対象者が複数のフレームを用いることを想定している．表6-2に示したのは，各フレームがどの対象者の質問において用いられたのかという対応表である．

表6-2 面接対象者が用いたフレームと質問項目の対応

	年代	性別	政治参加数	抽象的概念	居住地域	個人の生活	仕事経験	会話の通貨
A	20代	女性	0					⑥⑨
B	20代	女性	0			④		
C	20代	女性	4		④⑤	①③⑥⑦		
D	30代	女性	4			③④⑤⑦⑧⑨		
E	30代	男性	1					
F	20代	男性	1			③⑥	④⑧	
G	30代	男性	3			③	⑦	①⑥⑦⑧
H	20代	男性	3			⑤	②③⑦⑧	
I	40代	女性	1		②④			
J	50代	女性	1					
K	40代	女性	3			③⑤⑥		①⑦
L	50代	女性	3				④⑤	③⑥
M	50代	男性	1			③		
N	50代	男性	1			③⑤		
O	40代	男性	10				①③④⑤⑥⑦⑧	
P	50代	男性	9	②④	③⑧⑨	⑥		
Q	60代	女性	1		③④⑤⑦⑧	②③④⑤	⑤	①⑥⑩
R	60代	女性	1		③⑤	②③		
S	60代	女性	5		③④⑤⑥⑩	⑤⑥		
T	60代	女性	3				②⑧⑩	
U	60代	男性	2	③④			④⑤	
V	60代	男性	1	②④⑤		③⑤		
W	60代	男性	8	②③④⑤⑨	①③⑧			
X	60代	男性	4				③④	

　表から分かるように，析出されたフレームはすべて4名以上の複数の対象者の語りにおいて見出されたフレームであり，対象者がフレームを用いているとした39のケースのうち32のケースについて，異なる複数の質問項目において同一のフレームを用いた語りがなされていた．また，28のケースにおいて，④以降の質問において具体的な対象を提示する前の①〜③の段階でフレームを用いた情報処理が確認された．

　なお，④の項目において民主主義および保守・革新という「抽象的概念」についての質問を行っている以上，この項目において「抽象的概念」に関連した内容が語られることは必然といえる．したがって，④の項目においてのみ「抽象的概念」についての言及が見られたケースについては表に記載していない．

一方で，10のケースにおいて④の質問に対して「抽象的概念」以外のフレームが用いられていた．また，「会話の通貨」に関しても，⑥⑦⑩については政治的会話について尋ねている質問であるため，これらの質問においてのみ会話についての言及が見られたケースは表に記載していない．

本章の主眼はフレームの内容の詳細を明らかにすることにあり，ある特定のフレームを用いる有権者の特徴やその効果については，本章の結果を踏まえた次章以降における計量的な研究において検証される内容である．以下に面接調査の結果明らかになった5つのフレームについて順に説明する．

6-2　フレーム1：抽象的概念

第一のフレームは，保革イデオロギー，あるいは民主主義・資本主義・社会主義などといった抽象的概念から政治を捉えるフレームであり，政治的エリートが頻繁に用いるとされているフレームである．また，このフレームをもとに政治を捉えることのできる有権者は政治的洗練性の高い有権者とされる．

抽象的概念をもとに政治を捉えるフレーム

第Ⅰ部において述べた通り，政治的エリートとは異なり一般有権者においてはイデオロギーをもとに政治を捉える有権者は少数だとされる（e.g. Converse, 1964; 池田，1997; Neuman et al., 1992）．先行研究において示されている結果と同様に，本章の面接においても抽象的概念をもとに政治を捉える有権者の数は決して多くはなかったものの，このフレームを用いる有権者の存在を確認することができた[6]．以下のPさんの語りはそのことを示す一例である．

> だから，アメリカ的なデモクラシー，イギリス的なものともやっぱり違うし，フランスとともまた違う．ただ，多種多様な人たちがいて，ましてや，ここにきて，日本国

---

[6] 抽象的概念をもとに政治を捉えるフレームを用いた対象者は24名中4名（16.7％）であり，コンバース（Converse, 1964）の研究においてイデオロギーまたは疑似イデオロギー的なフレームを用いて政治を捉えていたサンプルの割合（有権者の11.5％，投票者の15.5％）に近い．もちろん，本章の面接はコンバース（Converse, 1964）の研究のようにサンプルの代表性が確保されたものではないため，あくまで参考程度の結果である．

籍を持っている日本生まれじゃない人とか，つい何日か前も，フィリピンに帰されるのどうのっていう，日本語しかしゃべれないからっていう13歳の女の子の話が出ていたけれど，そういう人たちもこれからどんどん増えてくるだろうし，介護でどんどん入れようということになれば，そういうことも増えてくる．そうなると，本来日本があるべき姿ってなんなのっていうことを一から考えるような民主主義をちゃんと構築していかないと，修正民主主義というものをね（P　50代男性　政治参加数9）．

　Ｐさんは，不法在留のフィリピン人一家に対して退去強制の処分が下った際に，フィリピンの公用語であるタガログ語を話せない13歳の少女に特別在留許可を与えるべきかどうかということが議論になったニュースや外国人介護士の受け入れといった具体的な事柄を取り上げ，これについて民主主義という抽象的概念に基づいて語っている．面接において民主主義について尋ねる項目が含まれている以上，民主主義という言葉が登場するのは当然のことであり，それだけをもって対象者が抽象的概念をもとに政治を捉えるフレームを持つとはいえない．しかし，抽象的概念をもとに具体的な政策や事象を語ることのできる有権者は，抽象的概念をもとに政治を捉えるフレームを保持しているといえるであろう．

　以下に記すＶさんも，政治参加数は少ないが，やはり民主主義・新自由主義といった概念を用いて，現在の日本社会が抱えている雇用の問題について語っている．

　　民主主義が悪いんじゃなくて，アメリカスタンダードの新自由主義っていうか，それが悪いんじゃないかなって僕は思いますけどね．まあ，日本がそれにどっぷり，どんどんアメリカ追随で続いてきちゃって，そしてまあ，現在になって，いまのその日雇い派遣とか，ああいうのになってきちゃうと，やはり昔からあった日本の……雇用関係ってのが崩れていくと，やはり日本の企業の力ってのが，逆にいえば弱くなっていくかな，って感じをしてます（V　60代男性　政治参加数1）．

　今回の面接において，抽象的概念をもとに具体的な事象を捉えるということがもっとも明確に表されていたのは以下に記すＷさんの語りである．

　　ひとつのものの考え方がありますね．そして，それを私の場合は，ずっとたどっていくと，常に，やっぱり国家とか民族にぶつかるわけですよ．〈中略〉ですから，た

とえば，ひとつのことですけどね，私は，電車とかいろいろな，街頭でもそうですけれど，いろんな人たちのマナー違反というか，他人に迷惑をかけるようなことを私は絶対に許せないんですよ．ですから，電車の中でも，20 数年，ずっと往復 3 時間座って帰ったんですけれど，そのときにはほとんど注意をしてきたんです．〈中略〉いろいろなものを話すときに，私の立場の，考えの場合は，命よりも大切なのは，たとえば，自分のプライドとかね，そういったことが優先するという考えがどうしてもあるわけでね．そこが，やっぱり，民族の誇りとかなんとかに，全部つながっちゃうんですよ，私は．それをみんなは右翼とかどうとかというけれど，これは右翼とかなんとかの問題ではない．人の生き方のビジョンというか，そういう問題だと思うんですよね（W　60 代男性　政治参加数 8）．

　電車内や街頭でマナー違反を注意するこの男性は，周囲の友人・知人たちから「そのうちお前は刺される」と冷やかされるという．しかし，W さんにとっては，人々のマナー違反は単にそれだけの問題ではなく，日本の国家や民族に関わる看過することはできない問題であり，また，友人や知人に他人のマナー違反を注意せよと強要するつもりはないが，冷やかすという行為は許せないというのである．政策争点に関して語る際はもちろんのこととして，電車内や街頭でマナー違反という簡単には政治と結びつかない問題に対しても，国家や民族といった概念をもとに語るこの男性は，政治，あるいは政治を含む生活の多くの事柄を抽象的概念に基づいて捉えているといえよう．さらに，保革イデオロギーという観点から見れば，国家や民族などは保守的イデオロギーと結びつくことの多い概念であるが，W さんの具体的な政策争点に対する態度は実際に保守的イデオロギーに沿うものであった．以下はその一例を示す語りである．

　　税金は，多少にかかわらず，やっぱり，みんな国民が等しく払ってね，たくさん稼ぐもんはいいじゃないかっていうんじゃなくて，多く稼ぐもんは，別の面で見たら，それこそ，寝る間を惜しんで一生懸命働いたから，それだけの額があるということだっていえるわけですから（W　60 代男性　政治参加数 8）．

　以上のように，抽象的概念をもとに政治を捉えるフレームを持ち，それをもとに具体的な争点や事象についての情報を処理し，語ることのできる有権者も確かに存在するのである．その一方で，政治に関連した抽象的概念については，

抵抗を示す対象者が多く見られた．

抽象的概念への抵抗

　本書においては面接の中で，保革イデオロギーおよび民主主義という概念についての自身の考えを尋ねたが，これらの概念は，自分とは異なるどこか遠い世界で用いられる言葉といった印象を語る対象者が見られた．

　　物質的に困った覚えも——戦後のその厳しい食糧事情とかもまったく知らずに，けっこうのんびりと育ってきたので，もうその民主主義の中で生きていく．生活していくっていうのが，もうごく自然のことであって．だから子どものころに，「社会主義がどうだ，共産主義がどうだ」っていうのを本とかテレビとかニュースで見ても，まあ，人ごとっていうか，「自分とはあんまり関係ないかなぁ」っていうぐらいの意識しかなくて．それでそのまま，ボワッと大人になっちゃって（I　40代女性　政治参加数1）．

　Iさんにとっては，社会主義や共産主義といった言葉は，子どものころに聞いたことのある言葉ではあるものの，自分とは関係ないものとして認識しており，ふだん政治について考える上でこういった抽象概念を用いることはないというのである．また，その理由としては，民主主義の中で生活することが当たり前となっているためと述べている．

　保革イデオロギーについても，同様に自分とは関係のない世界の言葉として捉える対象者の語りが見られた．

　　うーん……（保守・革新については）イメージ湧かないですかね．ハト派とタカ派みたいなことですか？　それでしたら，けっこう政治を——政治についてよく話していた昔の会社の社長が，そういうカテゴライズで楽しそうに話していたのは覚えているんですけど（笑），それ以外はあんまり聞かないです（A　20代女性　政治参加数0）．

　第5章において述べたように，日本における保革イデオロギーが安全保障と旧体制への態度と結びついていることを考えれば，保守・革新という概念をタカ派・ハト派という言葉と結びつけたことについては政治的エリートの観点に立ったとしても妥当といえよう．そういう意味では，Aさんが保守・革新と

いう概念についてまったく理解していないというわけではない．しかし一方で，Aさんはこれらの言葉を，政治について語ることを趣味とする人物が用いるジャーゴンのように捉えており，自分とは関係のないものとして見ているのである．

なお，政治に関連した抽象的概念に対して抵抗を感じているのは，何も日ごろから政治と関わりをほとんど持たない有権者に限られるというわけではない．この点については，今回の面接対象者の中でもっとも多い10種類の政治参加を行っていたOさんの語りを紹介したい．

> 法律やっている人だとか，そういう人は話をするでしょうけれど，普通に商売をやっている人たちが，戦争の話とか，民主主義の話をすること自体は，まずないですよね（O　40代男性　政治参加数10）．

建設業界に勤めるOさんはインタビューの中で，日ごろから政治家や政治学者等の政治的エリートとの付き合いがあり，政治ニュースも日々注視していると話している．それだけ政治と深く関わっているにもかかわらず，抽象的概念については，どこか自分とは異なる世界の話と捉えているのである．

政治に関連した抽象的概念に対して，自分とは異なる世界の言葉というだけでなく，それが一般有権者の政治に対する理解の妨げとなっているという明確な抵抗を示す対象者も見られた．

> それ（保守・革新という言葉）をどういう風に受け取って使ってよいのかというのは，難しいですね．政治のわかりにくいのがそういう部分なのかなと．生活に密着した表現をしてくれたり，例があるといいんですけど，そういうのが難しいので，放り投げてしまうような感じです．こう頭の悪い私たちとかでも，わかるように，もっと政治に対して理解を，政治家の方から表して欲しいかなと思います（D　30代女性　政治参加数4）．

Dさんにとって保革イデオロギーは，わかりにくい政治の象徴ともいえる存在となっているのである．彼女は自分たちのことを「頭が悪い」と表現している．しかし，福祉業界に勤める彼女は，勉強のために海外の福祉施設に勤めた経験を持っており，各国の福祉政策などをもとに政治を捉えるフレームを保持している[7]．また，市長との懇談会で意見を述べる，職場において他の職員

に環境に配慮した製品の導入を働きかけるなど,積極的に政治参加・社会参加を行っている.保革イデオロギーのような抽象的概念を用いて政治を伝えることによって,Dさんのような有権者に「頭の悪い私たちには政治がわかりにくい」と感じさせることが,果たして民主主義社会にとってプラスになるのだろうかという点について,政治的エリートたちは考えるべきではないだろうか.

以上のように,抽象的概念をもとに政治を捉えるフレームの存在が確認できた一方で,政治に関連した抽象的概念に対する抵抗を示す対象者が見られた.抽象的概念をもとに政治を捉えるフレームは政治的エリートの公的なディスコースにおいて用いられるフレームであり,一般有権者によるこのフレームへの抵抗は政治的エリートへの否定的な態度につながっている可能性があり,看過できない問題といえよう.ただし,本書の目的は,両者のフレームに相違が見られることを示すのみではなく,一般有権者がどのようなフレームを用いて政治を捉えているのかを明らかにすることである.抽象的概念をもとに政治を捉えるフレームを用いる有権者が少ないとすれば,それ以外のどのようなフレームが用いられているのか.次節以降は一般有権者独自の視点を含んだフレームについて順に説明する.

6-3　フレーム2：居住地域

第二のフレームは,有権者自身が居住する地域との関連で政治を捉えるフレームである.具体的には,居住する地域の差異をもとに政治を語る対象者や,地域における参加活動がきっかけとなって政治に関心を持つようになり,その活動自体を超えて政治を理解するようになった有権者が見られた.

地域ごとの差異

以下に紹介するのは,夫の転勤を機に転居したSさんが政治から受ける影響として語った内容である.

　　○○市の場合は,道路が悪いんですね.道路が凸凹なところが多くて,私もこの間

7）詳しくは第6-5節において述べる.

それで怪我をしましたので，〈中略〉もともと××出身でしたから，結構××の方は，道路はきれいだったんで，○○来た時一番感じたのは道路の悪さ．穴ぼこで，こう……ね？ なんか農道を直したような道なんで，こう入り組んじゃってるからね．ストレートな道じゃないってのが多かったんで，そういう意味でま，生活面でいくと，そういうものはその……まあ，物価面と，いわゆる道路の悪さですね．そういうとこら辺をまあ，政治——政治というのかな？ まあ，行政の方にいっちゃうんですけれども，思ったりします．それはやっぱり政治家が自分の利権ばかり考えて，道路行政とかもやってるからかな，とか．いらない道路を造ったりしてるからかな．生活道路の方がなんか，票に結びつかないのかなんか知らないけど，力が入ってないような感じはしますね（S　60代女性　政治参加5）．

　Sさんは，以前住んでいた地域では感じなかったが，転居先において道路が十分に整備されていなかったために怪我をしたことをきっかけとして，居住する地域の政治・行政がうまく機能しているかどうかによって，自分が大きな影響を受けると感じるようになった．その上で，自らの地域における経験を通じて道路行政に対する批判を行っている．

　Sさんが転居したのは大都市圏から大都市圏であったが，Cさんは転勤を繰り返す親の都合でたびたび転居を経験しており，その地域間の比較をもととして現在の日本の民主主義がアメリカの民主主義に比べてうまく機能していない点について語っている．

　（アメリカは）1つの国として州みたいな感じで分けているので，それぞれの意見というのは反映されているところもやっぱり多いですけど，やっぱり日本は……うん，まあ，1つの島国っていうのもあるんですけど，そんなに広くないにしても，あまりひとりひとりの意見ってのが反映されてないのかなって思うことは，結構ありますね．〈中略〉首都圏にいるとインフラも整備されていたりとか，まあ，交通の便もいいじゃないですか．ただちょっと離れてしまうと，本当に「ここに行くためにこの道があればいいのに，ぐるっと回らなければならない」とか．たかが数分で済むのに，何十分もかけて行かなきゃいけないとか．そういうなんか交通整備がしっかりされてないとかあるので．まあ，その辺もちゃんと意見は言ってるじゃないですか，どこでも．だんだんこう……過疎化っていうか，こうあって．そういう意見はあると思うのに，そういうところに手が回っていない．やっぱり首都圏中心．大阪とか東京とか，そういうところばかり注目しているので，意見っていうのは全体に反映されていないのか

なぁって思うことは，やっぱりありますね．（C　20代女性　政治参加数4）．

Cさんは，民主主義という抽象的な概念に関して，概念自体をそのまま扱うのではなく，自分が過去に居住した地域の比較を用いることで理解しているのである．彼女は面接の中で道州制という用語を用いてはいないが，大都市圏以外の地方の声が反映されていないという現状を変えるために，国を大きな単位に分割するという方策は道州制の導入ということができよう．さらには，Cさんが過去に自分が居住してきた都市と郊外（村落）の比較から政治を捉えていることは，民主主義についての語り以外からもうかがえる．以下は彼女が，民主党が2003年から09年まで選挙のたびにマニフェストに掲げてきた高速道路無料化政策について語った内容である．

> 過疎化してって話であれば，やっぱり首都圏のところは高速道路タダだとか，そういうことを行って，まあ，車通勤できるような環境とか，そういうものをやっぱり行っていくのがいま一番重要かなって思うんですよ．で，そうすることによって，やっぱりいま就職難だったりするので，農業をやりたいって人とか多くなってきてるじゃないですか．そういう人たちもまあ，農業をやりながら，ちょっと週に何回か会社に勤めるってことも，そういうこともできるようになってくるんじゃないかと思うんですよ（C　20代女性　政治参加数4）．

複数の異なる問題について，都市と郊外（村落）の比較を用いていることを考えても，Cさんが居住地域との関連をもとに政治を捉えるフレームを持っているといえよう．また，Rさんは転居を通じて複数の地域を比較する機会を得たわけではないが，長く住む地域における経済状況を通じて政治を捉えている．

> 経済大国で第2位って言いますけど，それほど国民が潤ってるとも思えないし，それからいま，働く場所のない若い人たちとか，それから中小企業の人がどんなに困っているかとか実に感じますので．私は△△区に住んでるんですけれども，□□区に近いんで，中小企業の町工場とかね，ああいうのがあるんで，切実に感じるんですよね．やっぱり仕事がなくって，仕事があれば潤っていけるわけですよね，国も人も（R　60代女性　政治参加1）．

第Ⅰ部において述べた経済投票についての研究（e.g. Gomez and Wilson, 2001, 2006; Kinder and Kiewiet, 1981）は，個人の暮らし向きに基づく投票（pocketbook voting）と国家の経済状況に基づく投票（sociotropic voting）のどちらが実際に行われるのか，あるいはそれぞれが行われる状況を分ける要因は何かといった問題を対象としているが，Rさんは個人と国家の中間に位置する地域の経済状況をもとに政治を捉えている．これも居住地域との関連で政治を捉えるフレームといえるのではないだろうか．

このように，政治について知ろうと意識して行動したわけではなくとも，転居あるいは地域の変化がきっかけとなって，居住する地域をもとに政治について考えるようになり，それがフレームの獲得につながるということが見られる．

地域活動への参加をきっかけとしたフレームの獲得

本書においては，面接の対象者を層化抽出する際に過去5年における政治参加の数という変数を用いている．面接の中で，この政治参加の実態について尋ねたところ，地域活動への参加がきっかけとなって，政治と関わりを持ったケースが多く見られた．

> （地元の市議の）○○さんが，チラシを撒いて，うちのポストに入れたんですよ．○○さんが撒いたわけじゃないんでしょうけれど，その会の方がね．それで，それ見て，うちは36メートル道路を作るはずのところの1本こっちの道なんですよ．それで，これが36メートルになる前はすごい細い道だったの．これで××に行ける道で，すごく混むんですよ．それを25メートルにするっていう案があったの．そうしたら少し緩和できていいわねって言ってたら，誰かが36メートルにしようって，政治家が言い出して，それで急遽．〈中略〉25メートルから36メートルにしたことによって，また10何年延びたんですよ，その工事が．それで，未だに延々やっているわけ．20年以上前からね．そのお金は全部税金じゃない．それは止めた方がいいと思ったんで，私も（Q　60代女性　政治参加1）．

Qさんは，特別政治に参加する意図を持っていたわけではないが，家の近くの道路の拡張工事計画について，地元の市議がポストに入れた反対運動のチラシを見たことで，活動に関心を持ち参加することになった．その結果，反対運動の集会に参加し市議と話す機会が生じた．このように，地域活動の副産物としてQさんは政治と関わりを持ち，家の近隣道路の問題を越えて，政治を知ることになったのである．ただし，この反対運動が成果を上げることはなかっ

ため，Qさんは，政治家と建設業者が癒着して青写真が描かれており，力のない市議が動いたところで何も変わりはしないと結論づけている．

前節に登場したWさんはもともと政治に強い関心を持っていたが，それに加えて，居住する地域の自治会の役員を務めた際に，地域活動を通じて新たに政治と関わりを持つこととなった[8]．

> 市は慢性の赤字財政なんですよ．ですから，いろいろ話をしたら，ご説はもっともだけど，ようするにここで，財政が，となるんですね．ですから，公園のブランコなんかも，市内で誰か一人ブランコで怪我をしたと，そうしたら，市内の公園のブランコをほとんど撤去したんですね，いったん．そうして，私どものとこなんかは，公園が全部で10何箇所あるんですけれど，未だにひとつもブランコがつかずにですね，もう1年以上経過しているんです．そういう状態なんですね．それで，それをいろいろ突き詰めていくけど，予算がないから順番に付けているというんですけれど，順番に付けているにしては，全然付かないじゃないかと，それの繰り返しなんですよ．ですから，まあ，そういうことも政治ということになると（W　60代男性　政治参加数8）．

Wさんは，外で遊ぶ子どもが減っている現状において少しでも公園が魅力的な場所になるよう，撤去されたブランコの再設置を求めたのである．しかしながら，Qさんと同様，活動が実際に政治・行政を動かすには至らず，挫折を経験している．QさんもWさんも地域活動への参加をきっかけとして，それと結びつけて政治を捉えるフレームを獲得したものの，政治・行政の応答性の低さを感じ，外的有効性感覚（Balch, 1974）の低下を招く結果に終わったといえよう．とくに，もともと政治に強い関心を持っていたわけではないQさんは，「力の無い人たちが反対運動なんてしても無駄なので，そういった活動に関わることはもう止めた」とすら述べている．

地域活動を通じて有権者が政治と関わりを持つという機会は，決して少なくはない．活動が成果を上げられないケースが存在すること自体は避けられないことであろうが，地域活動をもとに政治を捉えるフレームを獲得した有権者が，その後も政治に関心を持ち，参加し続けるためにはどうすればよいのかという

---

8) 前述の通り，本書においては対象者とフレームを一対一対応させることは目的とせず，一人の対象者が複数のフレームを用いることも想定する．

点について，考えていく必要があるのではないだろうか．以下のSさんの例は居住地域を元としたフレームの獲得が，個別の活動を超えた政治に対する関心を持つことにつながったケースである[9]．

> 役員になったときに，たまたまゴミの問題が出たんですね．で，どこそこのところでゴミを持って行かないと，置いてあったとかいうことで，清掃車が取っていってくれなかったとか．で，廃品回収で新聞とか段ボールとか集めたり，そういうことで学校の方に寄付してもらうというので，活動していましたので．そこで，なんでゴミを持って行かないのかなっていう話の中で，段ボールが入っていたからゴミを持って行ってくれなかったということでね．それで，一応清掃局の方に聞いてみようかということで，聞いたんですね．〈中略〉そうしたら，向こうの人がびっくりしちゃって．で，一応……実は××市ってところだったんですが，××市というところはあの……焼却炉を持ってなくて，市の方に全部持ってってるんですね．で，そのためにゴミを節約しないと，減らさないともうパンクしちゃってるってことで．実は，その「子ども会とかそういうPTAとかに頼んで，ゴミの節約とかをお願いしたいと思ってたとこだ」っていうことで．で，そのときにその取りまとめをしてくれないかということで．〈中略〉それからどんどん――そのゴミのことから，すごくいろんな意味での活動？政治的なこととかに興味を持ってきたんで（S　60代女性　政治参加数5）．

Sさんは子ども会の委員を務めていた際に，ゴミが回収されないという問題が生じた．その問題について調べるとともに清掃局に問い合わせたところ，地域が抱えるゴミの問題が明らかになった．そして，地域としてゴミの減量に取り組むために，子ども会がその取りまとめを依頼されたのである．取りまとめを引き受けたSさんたちは図書館に通いゴミ減量への取り組みについて調べ，廃品回収業者を巻き込むことを提案した．その活動は，ゴミ減量推進委員会の立ち上げにつながり，Sさんはパネラーなどを務めることとなった．Sさんは，夫の転勤のためこの組織自体での活動からは離れたが，それ以降，市民モニターなどを積極的に引き受けるようになり，また地域ごとの政治・行政の違いについて興味を持って見るようになったというのである．Sさんたちが問題を提起した際に，行政が市民を巻き込んで問題を解決しようと考えたことが，結果

---

9) 前述の通り，Sさんは転居をした際に，自治体による道路の整備の悪さに気づいたと語っているが，この活動は転居前の自治体におけるものである．

として，Sさんたちが自発的に活動を拡げ，地域の政治・行政に対する関心を高めることにつながっている．

「地方自治は民主主義の学校である」という言葉によって表現されるように，自らが居住する地域の政治・行政は国政に比べて身近な存在であり，民主主義社会にとって重要な意味を持つものである．政治的洗練性に関する議論は，多くの場合国政を前提として行われてきたが，一般有権者においては，自らが居住する地域との関連から政治を捉えるフレームが存在しているといえるのである．そして，有権者がこのフレームを持つことは，政治・行政の応答性によっては，地域の問題の範囲を超えた政治関心を高め，政治参加を促進することにつながる可能性を秘めているといえよう．

6-4　フレーム3：個人の生活

第三のフレームは，税金や保険料の支払いといった個人の日常生活における具体的な場面と政治とを結びつけて捉えるフレームである．池田（1997）は政党スキーマの活性化の例として，「1円玉の怒り」と呼ばれた1989年参院選における消費税争点を取り上げ，「余計な」1円玉を払わされるたびに，「生活者抑圧の税」といった与党自民党に対して非好意的なスキーマが活性化されたと述べている[10]．第Ⅰ部において述べた通り，スキーマとフレームという2つの概念は，「一般的な概念に関する構造化された知識」であり，情報処理プロセスにおいて用いられるという点においては共通していることを考えれば，日常生活における具体的な場面と政治とを結びつけて捉えるフレームの存在を仮定することは妥当といえよう[11]．なお，「生活者抑圧の税」といった有権者の自民党に対する非好意的なスキーマあるいは個人フレームを活性化するもととなった「1円玉の怒り」というフレーム自体は新聞社の社会部が設定したものであるとも考えられるが[12]，メディアの報道がコミュニケーションフレームを提

---

10) 当時消費税は3％であり，消費税の支払いのため，あるいはおつりとして，それまであまり使われる機会のなかった1円玉が使用されるようになった．

11) 第4章において明らかになった自らの負担と結びつけた一般有権者による年金争点の捉え方も，日常生活における具体的な場面と政治とを結びつけて捉えるフレームとみなすことができるであろう．

供しなくとも，日常生活における個人の経験からこういったフレームが形成されることは十分に考えられる．以下に記すのは，政治の影響を感じる例として，保険料を支払う場面についての語りである．

> 政治の影響を感じること，本当に，小さいことなんですが．最近，ちょっと病院にかかることがありまして，保険料で賄える，保険証を持っていくと，だいぶ割引されるじゃないですが，確か，会社員は3割負担なんですよね．それで，1万円かかって3000円払ってるんだと思って．自分の給料から（保険料が）天引きされていて，その分，なんていえばいいんですかね，2000円にして欲しかったんですね．3000円かあと思って．そのときに，あ，これ前に話題に出たなと思って，こういう所で，影響が出てるんだ，とかですかね（F　20代男性　政治参加1）．

Fさんも周囲の人も，ふだんはあまり政治には関心を持っておらず，あまり政治について話すことはないというが，保険料を支払う場面においては，前に話題に出たことを思い出し，自らの生活と政治の関連を実感している．Fさんは上記の「1円玉の怒り」のように，自身の実感を政治に対する怒りと結びつけたわけではないが，以下のQさんの語りは，「7000円の怒り」あるいは「保険料の怒り」とでも呼べるものである．

> 私はいま，年金暮らしなんですけれど，厚生年金と国民年金と両方で4万円しかもらっていないんですよ．主人が6万円．10万円でね，絶対生活できないでしょ．それで，うちはもう，主人がもうじき70ですし，私が67ですし，そうすると仕事がなかなかないんですよね．それで，私は一応働いていますけれど，パートなので，2, 3万しかもらえないんですよね．それなのに7000円も取るんですよ．4万円の中から．これ，おかしいでしょ．それでお医者さんにかかると，この間は健康診断で引っかかって，ちょっとお医者さんに精密検査してもらったら，1万2000円取られるんですよ．絶対変ですよね．それで，政治家の人は大きな箱物を作った人に罰も与えないで，そのままでしょ（Q　60代女性　政治参加1）．

Qさんは，年金収入が少ない中で，保険料の負担や医療機関にかかった際の自己負担の大きさを嘆いている．その上で，過去の公共事業によって，Qさんにとって税金の無駄遣いであると見える箱物の建設を推し進めた政治家たちに

---

12) 1989年6月25日の朝日新聞朝刊に，「1円玉の怒り　消費税に商店抵抗（89首都決戦街角から）」という記事が見られる．

対して怒りを感じているのである．また，Ｑさんは，このような政治の捉え方は自身が家計を管理して生活しているからこそのものだと感じている．

　（年金は）私が全部管理して，娘たちにもらったお金は私が管理して，主人は主人でお小遣いをもらっているんですよ．6万円じゃ足りないのでね．それで，私が全部家計費を担っているので，全然関係ないところで暮らしているんですよ．だから，浮世離れしちゃって（Ｑ　60代女性　政治参加1）．

　Ｑさんによれば，夫は家計を管理していないため政治に対する捉え方が浮世離れしており，政治についての話題になると，徴兵制を導入して国民皆兵にすべきといったＱさんにとってはまったく興味のないことをいうので，なるべく政治の話題は振らないようにしているという．このように，有権者自身を取り巻く状況によって，副産物的に入手できる情報は異なるため，政治を捉えるフレームは大きく異なりうるのである．以下に対象者の生活の状況と結びつけて政治が語られている例を紹介する．

　会社を早期退職したＭさんは，自身の職探しの経験と関連付けて，雇用問題について語っている．

　53歳ですけれども，会社の都合もあってちょうど辞めたんですけれども，ちょうどその同じ時期に世界経済が非常に悪化して，で，いま現在も職安に行ったりはしてます．でも私自身は生活的に他の仕事を持ってるんで，ただアルバイトをしていけば済むかなって気がしてるぐらいなんで，切羽詰まったものではないですけれども，この暮らしから見ると日比谷の派遣村の問題だとか，いま大阪の方でもそういう動きをしてる．そういうのをもっとこう，フレキシブルにそしてクイックリーに対応できなかったのかっていう．そういうのはやっぱり政治としてリードされてないなって気もすごくしますね．いろいろな話題の中に，政治の他に，まあ政治のひとつの流れでしょうけれども，官僚政治ってものがあって，やっぱり官僚ってのも頭はいいかもしれないけれども，もうちょっと世の中を見てほしいなっていう，それもやっぱり政治家とうまく結びついて政治を行ってほしいなっていう，気がしてます（Ｍ　50代男性　政治参加1）．

　Ｍさんは不動産賃貸による収入を持っており，仕事が見つからなくとも即座に生活に困るということはないが，もしそれがなければ切羽詰まった状況に追い込まれていたというのである．そのため，派遣切りによって職を失った

人々のために年末年始の居場所を提供した年越し派遣村などの活動について実感を伴って捉えており，政府の対応が遅れていることを批判している．

　Ｐさんは，専門職の自由業であるため，確定申告を行う必要がある．そこで，自身の確定申告の経験と結びつけて行政のコストについて語っている．

> 　たとえば，今日御茶ノ水から170円でここまでバスに乗ってきました．すると170円から5％というのを算出してというのを全部やらなきゃいけないわけですよね．〈中略〉（消費税を）上げるんでもいいけれど，いまのシステムのまま上げていくとすると，事務コストがかかりすぎです．いくらコンピューターで全部やらせるにしても，そこをなんとかして欲しいです．大体，事務コストがかかりすぎるってことは，役人の事務コストがかかっているはずなんだよね．そういうことを考えていると，取った分の何割かが事務コストで消えるんだったら，なるべくそういうのがかからないシステムにした方が，税率を下げたって，残る金は多いんじゃないのっていうところも含めて，やっぱり，事務の効率化も含めたりすると，普通の仕事をしている人間から見ると，役人のシステムに対する自分たちの給料っていうことを含めた事務コストにかける考え方が理解できないっていうのがありますね（P　50代男性　政治参加9）．

　確定申告においては，自分が払った消費税を預かった消費税から引く必要があるが，現在は消費税がほとんど内税になっているため，その計算が非常に面倒だというのである．この複雑なシステムには事務コストがかかっているため，Ｐさんはシステムを単純化することで，国や自治体の予算を削減することができると議論している．

　このように，生活のさまざまな場面に対して，関連した政治を捉えるフレームの存在が確認されたが，対象者の中には，そのことを意識して，政治を含む世の中のニュースへの注目を持ち続けることを目的として生活を変化させる行動を取る例も見られた．

> 　不況の煽りで，仕事ができなくなったので，まあ，うちにじっとしていればいいって感じなんですけれどもね．そのときに，じゃあ何か世の中を見るにはどうしたらいいかということで，コンピューターで子どもたちが株とかそういうものを見て，じゃあちょっとやってみようかということで，親子3人でやり始めたんです．（R　60代女性　政治参加1）．

　ポプキン（Popkin, 1994）は，副産物的政治情報入手の具体例として，株式を

持っている有権者は，政治に関心がなくとも，株式に影響を与える可能性を持ったニュースを注視するといった状況を挙げている．Rさんの例は，因果関係が逆になった形であり，副産物的政治情報入手を維持するために，株式を保有するという行動を取ったといえるのである．

個人の生活をもとに政治を捉えるフレームと自己利益に基づく投票の違い

消費税や保険料といった個人の生活における負担は誰しも少ないに越したことはないであろうし，定額給付金や子ども手当といった生活に対する援助はもらえるならば嬉しいと感じるであろう．そう考えると，個人の生活をもとに政治を捉えるということは，一見すると，有権者が自己利益をもとに態度を形成し投票を行うことにつながるように思える．

しかし，以下に紹介する3つの語りは，自己利益と政策に対する態度が食い違うことは珍しくないことを示すものであり，有権者が個人の生活をもとに政治を捉えることは，自己利益をもとに政治を捉えることと必ずしも同義ではないことを示唆している．ひとつめはHさんが消費税について語った内容である．

> 私一人の，このあんまりお給料をもらっていないサラリーマンとしてはですね，消費税10％とかそういうことには反対にはなるんですけれども，一方で，北欧の国っていったら，消費税が高い代わりに，社会保障はしっかりと保証されているというのがありますよね．そういう観点から考えると，日本としても，しっかりと保障というものをしてくれるのであれば，消費税も若干の利率の上げというのは，仕方ないんじゃないかと（H　20代男性　政治参加数3）．

20代のHさんは日ごろ社会保障の恩恵をそれほど感じているわけではなく，消費税率が上がるという負担増については個人的には反対であるが，一方で，社会保障が充実した国になるのであれば，消費税率を上げることもやむなしと考えている．以下に記すNさんの発言も，こういった消費税に対するアンビバレントな態度について，冗談めかして語ったものである．

> うーん，難しいんですけれどもね．格好良く——格好良くというか，自分の懐具合をいわなければ，上げてもいいんじゃないというんですけれども，自分のことを考えると上げちゃ困るなというのはありますけれどもね（笑）やっぱしあの，長い目——

長い目というのも変ですけれども，長期的に考えれば，上げざるをえないと思うんですけれども，その……なんていうんですかね．納得できる（N　50代男性　政治参加数1）．

消費税だけではなく，以下の定額給付金に対する語りも，同様に自己利益と政策に対する態度が食い違うことを示すものである．

それがまあ，（定額給付金に）反対であっても，出るものはもらいますわね．ねえ？なんか麻生さんは「もらう人がいっぱいいるから」とかいってるけれども，もらう人がすぐそのままそれに賛成してるわけじゃないですもんね．賛成しなくったって，出るものは——あなただってもらうでしょう？（V　60代男性　政治参加数1）．

Vさんは，もし定額給付金が支給された場合には，受け取らないというわけではないが，定額給付金という政策自体には賛成するわけではないと述べている．彼らは，政策が自らにもたらす影響について把握しながらも，一方でより広い社会に対する影響や長期的影響を考えているため，政策に対してアンビバレントな態度を持つに至っている．このように，個人の生活と政治を結びつけて捉えたとしても，それが即座に自己利益に基づく態度形成や投票にはつながらないと考えられるのである．

この点については，シアーズとファンク（Sears and Funk, 1991）によるレビューが参考になる．記憶研究における自己関連付け効果（Rogers, Kuiper, and Kirker, 1977）に典型的に表れているように，「自己」は知覚した情報を組織化し思考や判断を行う上で特別な役割を持つ．しかしながら，新古典派経済学の前提とは異なり，人間の行動における動機づけの中で，物質的な利益に基づく動機づけが主要な存在となっているわけではない．結果として，自己利益は有権者の争点態度に対して大きな影響は持たない場合が多いというのである[13]．

以上の知見を踏まえると，個人の生活をもとに政治を捉えるフレームについては，次のように考えられる．生活の中で副産物的に入手した政治情報について，自身の生活と関連づけることによって組織化が促進される．この組織化さ

---

[13] 同様に，キンダー（Kinder, 1998）による政治科学分野に対する社会心理学の影響をまとめたレビュー論文においても，自己利益が態度形成に大きな影響を持たないことを示した研究が多いということが述べられている．

れた知識が個人の生活をもとに政治を捉えるフレームとなる．しかし，フレームの獲得と態度形成は別のプロセスであり，態度形成においては物質的な利益を追求する動機づけが中心的役割を果たすわけではないため，自身の生活における自己利益に沿った態度が形成されるとは限らないということである．そのため，フレームを用いた結果として有権者が政策争点に対してどのような態度を持つのかという点については，必ずしも有権者の短期的な自己利益に直結するものではないと考えられる．

6-5　フレーム4：仕事経験

　第四のフレームは，自らの仕事における経験と政治を結びつけて捉えるフレームである．自らの仕事が政治と直接関連している場合にはもちろんであるが，そうでなくとも仕事の比喩を用いて政治について捉えるなど，仕事における経験が政治を捉えるフレームの獲得につながっている例が見られた．

政治と関連を持った特定の業務経験に基づくフレーム

　ポプキン（Popkin, 1994）は副産物的政治情報入手に貢献する個人の特殊な属性に基づく経験として，貿易に携わるビジネスマンは技術移転についての法律に詳しいといった例を挙げている．実際，本書においても，個人の業務と関連した経験から特定の分野に関係した情報を得ており，それが政治を捉えるためのフレームの獲得につながっているという例が見られた．Hさんは仕事で羽田空港関連の事業に携わっており，以下の語りに表れているように，羽田空港の国際化政策が仕事に影響を与えるという．

　　私の会社は，羽田関連にやっているので，羽田をですね．誰だったかな，いま，羽田は国内線，成田を国際線ってなっているんですけれど，羽田をメインに使って行きたいという，サンデープロジェクトなんかで，そういう風に発言されていた方がいらっしゃったんですけれども，誰だったかな，次期首相の一人っていう．与謝野さんですね．与謝野さんになれば，われわれの事業としては良いのかなという風に思いますね（H　20代男性　政治参加数3）．

もちろん，仕事が政治の影響を受けているという事実に関する語りのみから，Hさんが仕事経験をもとに政治を捉えるフレームを持っているということはできない．そこで，Hさんの別の語りを紹介したい．

　　私，いま，そうやって羽田空港の関連の事業をやっておりますけれども，たとえば，日本からアメリカに飛行機を飛ばすのでも，けっこうアメリカの政治的な圧力っていうのが，強く関わってくるところがありますので．日本のこれまでの歴史上の背景とか，いろいろあって，そうなっているんだと思いますけれども，日本は日本としての考えっていいますか，日本の国民を良くするための政治というのを真剣に取り組まないと，国民の日本の政治に対する関心というのは，非常に薄れていっているんだと思いますけれど，さらに薄れていくと思います（H　20代男性　政治参加数3）．

　Hさんは，日ごろの業務の中で，アメリカからの政治的な圧力によって航空事業が左右されるということをたびたび経験しているという．その経験を踏まえて，日本は独自の立場で日本国民の利益につながる政治を行わなければ，国民の政治に対する関心は薄れていってしまうと危惧している．これは，Hさんが自身の仕事をもととして，直接の業務との関連を超えて政治について語るものであり，フレームの存在を示唆するものといえよう．

　また，福祉施設で働くDさんおよび建設業界に勤めるOさんは，前述の通り政治に関わる保守・革新・民主主義といった抽象概念について自身からは遠いものと感じていたが，この両者とも，仕事経験をもとに政治を捉えるフレームを持っていると考えられるのである．以下はDさんが自身の生活への政治の影響について語ったものである．

　　いまは施設を利用するのが無料なんですけど，今後，利用者負担が出てくるんじゃないかということで，生活保護の方はいいんですけど，それ以外の方，障害年金で生活されている方とか，まったく年金がない方で収入のない方もいるし，両親が年を取られてその先のことを心配している方がすごく多いので，自立支援法というか，阻害法となっているような部分も感じられて，切実な思いがみなさんから毎日伝わってくるので，その辺はすごく政治に関していろいろな動向が目に入ります（D　30代女性　政治参加数4）．

　Dさんは，2006年に施行された障がい者自立支援法によって仕事が大きな

影響を受けており，日ごろから政治を注視しているという．法律の施行によって，今後，施設の運営自体が立ち行かなくなる可能性があり，入所者にとってもＤさんたち職員にとっても，決して見逃すことのできない問題だというのである．また，消費税という具体的な政策についても，Ｄさんは自らの仕事である福祉をもとに語っている．

　　（消費税率上げは）致し方ないような気がします．日本はすごい税金が少ないので，また，福祉になっちゃうんですけれど，そこから取るしかないのかなという気がしていて，お金がある方はいっぱい買い物をするので，そういう方から取って，その代わり，食品とか子どもにかかわるものとか，衣料品とか，そういう最低限必要なところには低税率とか，まったくかけないようにして，ぜいたく品とか，そういう部分に対しては，もう少しかけてもしょうがないのかなと思います（Ｄ　30代女性　政治参加数4）．

　生活必需品については税率を抑え，ぜいたく品の税率を高くするという政策は，Ｄさんがイギリスの福祉施設で働いている際に，実際に経験したものである．Ｄさんの消費税争点に対する態度は，大きな政府を志向する革新的なイデオロギーに沿うものだといえるが，これは抽象概念ではなく，自身の経験から導き出されたものである．「また，福祉になっちゃうんですけれど」という言葉にも表れているように，紹介した語り以外にも，Ｄさんが政治について語る際には，たびたび自身の仕事における経験や福祉業界の話が登場しているが，これはＤさんが仕事経験をもとに政治を捉えるフレームを持っていることを示唆するといえよう．
　一方で，建設業界に勤めるＯさんは日ごろから政治家と接触する機会を持っており，その経験に基づいて政治を捉えていると考えられる．以下は保守・革新という概念について尋ねた際の語りである．

　　日本全体という視野で見ると，自民党の力というのは大きいし，勢力範囲というか，声のかけられる範囲というのは，やっぱり大きいなと思いますね．国の機関とか県とかの権力は，先生に話をつけてもらうと早いですからね．物事を勝負するのに，うちらでは通らないことでも，先生に話せばそれこそ電話１本で．うちらが１年かけてできなかったことが電話１本で終わるという，世界ですからね．かといって，民主だと愛知とか，地方によって，強い地域がありますから．地域ごとで，力が強いところは

やっぱり強いですね（O　40代男性　政治参加数10）．

Oさんは，保守・革新というイデオロギーの中身ではなく，それぞれの党派が持つ権力という観点からこの言葉について語っている．日ごろの経験を踏まえ，権力を抽象的な概念としてではなく，実際に声をかけて物事を動かすことのできる力として捉えているのである．加えて，Oさんが具体的な政策についても，自身の仕事における経験をもとに語っている．

　国の補助だとかいまの制度で，年度予算を取らないと，とくに建設業というのは，いまの時期に年度予算取って初めて，翌年度のやつを使えると．それで，使い切らないと，どこもそうでしょうけれど，もらえないんですよ．〈中略〉だから，要らない物でも発注する．要る物も，もちろんあるんだけれども，要る物でも計画できないから発注しない，要らない物でもとりあえず消費するためにやるということはけっこうあるので，やっぱり，必要なものに対して，必要なところに注入できるような法改正というのが必要だと思いますよ（O　40代男性　政治参加数10）．

Oさんは，自らの経験を踏まえて，国や自治体の単年度会計や，年度内に予算をすべて使い切ることが次の予算獲得につながるというシステムから生じる無駄について述べている．この点については，Oさんが「どこもそうでしょうけど」と述べているように，建設業に限らず，仕事上，国や自治体の予算に関連した仕事を行うことがあれば，同じような政治の捉え方が見られると考えられる[14]．つまり国や自治体の予算に関わる仕事を行うという経験が，副産物的政治情報入手を促し，フレームの獲得につながるということである．

仕事を通じて特殊な経験をすることが，副産物的政治情報入手につながるということを考えれば，フレームの獲得につながるのはフルタイムでの労働に限らない．パートタイムの仕事や報酬の発生しないボランティアであるという場合も存在する．

　少子化だ少子化だって言っているんだったら，子どもが小学校を卒業するくらいまでは，医療費無料にしたらいいんですよ．〈中略〉．私，いまベビーシッターやっているんですよね．それで，保育園が5時までなんですよ．〈中略〉5時から10時までだ

14）たとえば，文部科学省や日本学術振興会から科学研究費の助成を受けて研究を行う研究者においても，そうであろう．

ったら5時間よね．それで，ベビーシッターの会社に払うのが1万円なんですよ．1日によ．1日に1万円払うんですよ．そんなことしたら，働いている分，全部払わないとならないですよ．でも，いまここの間だけ我慢して，持ち出しになる人もいるんだけれど．我慢して働いていないと，復職はもうできないんですって．政府はそういうのはちゃんとやっていますって，言っているけれど，それは机上の空論でね．いま，こんだけ景気が悪いから，どんどんカットされちゃうんですよ．だから，そういうのもちゃんとやって欲しいなと思って（Q　60代女性　政治参加数1）．

　Qさんは，パートタイムでベビーシッターの仕事をしている経験から，現在の日本において，働きながら子どもを育てるためには，非常に大きな金銭的負担が必要となるということを実感している．その上で，少子化対策というのであれば，子どもを育てる上での金銭的負担を減らすような政策を行う必要があると述べている．

　一方で，Tさんは動物虐待を防ぐためのボランティア団体における経験を通じて，政治と関わりを持っている．

　　さっきのボランティアに関わるんですけれども，その動物虐待をしないようにっていう……なんていうんだろう？　そういう働きかけをしてて．日本では罪にならないんですよね，虐待しても．だから，それを犯罪だとして取り上げてもらって，罰してほしいっていうのを——作ってほしいっていうのをいろんなボランティア団体の人だとか，個人だとかが働きかけてて，超党派でそういう……なんて言ったらいいんだろう？　作ってくださってくれて．結局できたんですよ，そういうのがね．それのときに，まあ，掲示板なんかで少し書いたりだとか，みんなで要望書……なんだっけ？　名前をだーっと書いていって，署名活動をしましょうとかってことで，そういうことです．（T　60代女性　政治参加数3）．

　Tさんは，以前に犬を飼おうと思った際に，ペットショップで買うのではなく，捨て犬を引き取って育てたいと考え，そのような活動を行う団体をインターネットで調べたことをきっかけとしてボランティア団体に参加した．その団体の活動の中で，日本においては動物虐待を行っても罪に問われないという状況があり，それを変えるために政治家に働きかけを行ったというのである．また，Tさんは直接政治と関わりを持った活動のみならず，ボランティア活動を通じて景気の悪化を実感し，間接的に政治の影響を感じているという．

> やっぱりこういう経済状態になってくると，その寄付がなかなか集まりにくくなってきて，厳しいなっていうのは感じますね．あとは……そのボランティア団体っていうのは，保健所で処分されそうになった犬や猫を助け出して，一時的に私たちみたいなボランティアの人たちがうちに連れて帰って，新しい里親さんを見つけるという仕事——ボランティアなんですけれども，捨てられる犬とか猫とかがものすごく増えてきてるんですね．まあ，それも……飽きっぽいっていうのもあるんでしょうけれども，経済的に飼えなくなったっていって持ち込んでくるっていう例も結構あるので，そういう面でも，ちょっとやっぱり経済が悪くなっているというのは感じます（T　60代女性　政治参加数3）．

ボランティア団体への寄付が減ったことで，企業や個人に経済的な余裕がなくなっていることを感じるとともに，捨て犬や捨て猫の数の増加についても，経済的な余裕がなくなったことでペットを捨てる飼い主が増えたことが影響しているのではないかと考えているというのである．

このように，フルタイム・パートタイム，報酬の有無を問わず，仕事を通じて政治と関わりを持つ，あるいは仕事上の経験の副産物として政治情報を入手することで，仕事経験をもとに政治を捉えるフレームの獲得につながるということが見られる．

会社組織で働く経験に基づくフレーム

仕事経験をもとに政治を捉えるフレームの獲得においては，政治と関連を持った特定の仕事に対応した経験だけではなく，会社という組織の中で働くという経験に因る例も見られた．

> 会社とかでも，決め事を作るときに，みんなで意見を出し合うので，民主主義というものを感じます．うちは部署がいっぱい分かれてて，それぞれ役割分野があるので，それがうまく流れるように，書式を決めたりとか，こういうときはこうするというのを，みんなで決めたりします（B　20代女性　政治参加数0）．

Bさん自身も家族や友人といった周囲の人々も，日ごろから政治に関心を持っていないというが，民主主義という抽象的な概念に対して，会社における仕事の進め方から理解をしている．

Gさんは政治的リーダーと会社のトップを重ね合わせて，政治について語っている．

> 自分が選んだリーダーを批判するってのはもう！　たとえば社会人で，会社の——自分の会社のトップを批判するっていうか，社長を批判するほどみっともないことはないんですよ．まあ，同じ——同じ職場のね，愚痴というところで留めておくならいいですけど．絶対嫌ですよ，外に向かっていうようなことはね．だからもうその辺が，感覚がおかしいんじゃないですかね，と．みっともねぇなと．自分たちが選んだのに．だから自分を貶めるんだよってことをわかってないし，マスコミはそういうことを何もいわない．面白がって——面白いっていうか，いただきってな感じでやってるじゃないですか．ですから，そういう政治家にも報道にも，ちょっと嫌気が差してますね（G　30代男性　政治参加数3）．

Gさんは，会社員が対外的に社長を批判することがみっともないことであるのと同じように，リーダーの足を引っ張る政治家や首相の批判ばかりしている国民，それを諌めるどころか首相の失言などを大きく取り上げるマスコミの報道などについて，みっともないことだと感じると語っている．Gさんは会社組織における社長と社員の関係をもとにして，政治的リーダーと政治家や国民，マスコミとの関連を捉えているといえる．

以下に紹介するのは，消費税という政策争点について，会社の決算と重ね合わせた語りである．

> 消費税って，いま，何に使っているのか，私，知らないんですよ．取るだけとって，もうけっこうになりますよね．何に使っているんだろうっていう，明細が見えてこないので．なので，上げたら何に使うのかっていう，たとえば，決算書じゃないけれど，何に使いましたっていうのがない限り，どっかでまた，なんとか費っていう感じで，勝手に使ってそうな気もするので，ようするに，見えないということですね．見えてよい部分と，見えて悪い部分って，当然あると思うんですけれども．だから，用途が分からないのに取られるのは，予算としてはなしだと思います（L　50代女性　政治参加数3）．

Lさんは，会社の決算において，基本的には明細が示されているように，消費税がどのように使われたのかという点について明らかにされるべきであり，それもなく税率が上がるということに対しては反対だと述べている．Lさんは，

会社の決算をもとに国の税制を捉えているということである.

以上のように，仕事が特別に政治との関連を持つものでなくとも，会社組織の中で働くということ自体が，仕事経験をもとに政治を捉えるフレームの獲得につながる可能性を持つ経験だといえるのである.

6-6　フレーム5：会話の通貨

第五のフレームは，政治をコミュニケーションのツールとして捉えるフレームである.

ライリーとライリー（Riley and Riley, 1951）やルビンら（Rubin, Perse, and Barbato, 1988）によるコミュニケーションについての研究が明らかにしているように，人は社会的に有用であるから，つまりは会話の中で話のタネとして利用できるという理由でメディアに接触することがある.ライリーとライリー（Riley and Riley, 1951）の研究は10歳から12歳までの少年少女を対象としたものであるため，想定されたメディアはコミックや恋愛ドラマなどであったが[15]，成人においては，政治に関するニュースが話のタネとして用いられることは十分に考えられる.

次のAさんの語りは，政治という話題が芸能人についての話題と同じように会話を盛り上げる目的で用いられることを示すものである.

> あ，でも，ある意味，芸能人よりも，みんなわかる感じなので.偏りが——好き嫌いで見てないから，偏りがないので……芸能人と，テレビの話題でくくるとしたら，けっこう五分五分くらいかもしれません.芸能人5割，政治家5割，みたいな感じです（A　20代女性　政治参加数0）.

Aさんは，小泉純一郎首相の登場以降，政治は難しいというのではなく，人間として面白いところにテレビが注目しだしたと感じている[16].それに合わせてAさんの周囲でも，政治について面白がって話すようになったという.

---

15) また，ルビンら（Rubin et al., 1988）の研究は大学生を対象としたものだが，人々がメディアに接触する動機に着目したものであり，メディアの内容についての詳しい言及は存在しない.
16) 日本における政治ニュースの娯楽化については，稲増・池田（2009）などを参照.

Aさんによれば，政治という話題が会話において便利なのは，人によって好みが分かれるために対立を生む，あるいは通じないという芸能人の話題に比べて，誰とでも話せるという点である．もちろん，本来であれば，政治という話題は意見の対立が起こりかねない話題であり，それゆえに政治について話すことを避けるという場合も多い（岡本，2004）．しかし，対立するほど踏み込まなければ，多くの人が話せる共通の話題として活用できるものなのである．
　Qさんも同様に，政治についての話は知人との会話において便利な話題のひとつだと語っている．

　　こういうので（政治家の）悪口言っていれば，誰にも差しさわらないじゃない．だから，こういうので落ち着いておけば，誰も迷惑しないしね．おばさんって，悪口大好きなの．だけど，他人の悪口言わせたら止まらない人もいるから，こういう話を振っておけば，みんなで盛り上がって，それで，みんなも溜飲が下がる（Q　60代女性　政治参加数1）．

　Qさんはフィットネスクラブで温泉に入りながら，あるいは髪を乾かしながら，そこで会った知人たちとよく政治の話で盛り上がるという．Qさんによれば，友人・知人などの悪口を言うと差しさわる場合もあるが，政治家の悪口を言っている分には，周囲の誰かが迷惑するわけではないために便利だというのである．ちなみに，Qさんが政治の話題で盛り上がるのはフィットネスクラブであったが，Uさんはテニスクラブの待ち時間に政治について話すのだという．人々が政治の話題で盛り上がることは伝統的に「床屋政談」と呼ばれてきたが，さまざまな場所が現代の「床屋」として機能しているようである．
　Gさんも，野球や競馬などと同じように，周囲の人との会話のタネとして政治について話すという．

　　いまテレビをつけるとやってますので，たとえば野球だとか競馬だとか，その中のひとつの話題としていま，政治というか政治家のスキャンダル的なことが多いんでしょうけど，どうなってるんだ，みたいな話の流れですね（G　30代男性　政治参加数3）．

　ただし，GさんがAさんやQさんと異なるのは，政治家のスキャンダルで盛り上がるというだけでなく，政治について熱く議論することが楽しいために

政治という話題を取り上げるという面もあるということである．

　ちょっとディープなディベート的な，「ああでもない，こうでもない」ってのは，その，なんだかんだ楽しいんじゃないですかね．もしかして，その話題のテーマなのかもしれませんね．こっちの（テーマについて）話したいのが本音なのか，もしくは熱い話題をしたいからそのテーマなのか，どっちかはわからないんですけど，いずれにしてもこういった話題をですね，話していると，やはり多少熱くはなりますよね．人それぞれ考え方も違いますしね．また，それがまたおもしろいわけで（G　30代男性　政治参加数3）．

　以上のように，政治家の人間性やスキャンダルについて面白がる，政治についての熱い議論を楽しむなど，内容には差はあれど，政治をコミュニケーションにおいて便利なツールとして捉えるフレームが存在することが分かる．

職場におけるコミュニケーション
　上記の例は個人の生活や友人・知人関係におけるコミュニケーションについてのものであったが，職場におけるコミュニケーションのツールとしても政治の話が用いられている．第6-5節において会社組織で働く経験をもとに政治を捉えていたGさん・Lさんとも，職場におけるコミュニケーションのツールとして政治を用いているという．

　結局まあ，ビジネスマンですからね．一般常識並みにいまの世の中の流れなりなんなりっていったら，政治とかは見逃せないですから．どのくらい注意？　まあ，要注意，注意……注意でしょうね．押さえておかなきゃいけないっていう，一般常識的な問題になっちゃうんでしょうけど．まああの，取引先で振られたら「わかりません」じゃ困っちゃうんでね．そのあたりは一般常識として，さっきも言ったけれども，政治がどうこうというよりも一般常識が本当——話題のひとつとして押さえないと，押さえておかないといけないっていう，これはビジネスする上では必要かもしれないですね（G　30代男性　政治参加数3）．

　Gさんは，ビジネスマンの一般常識として政治についての話は押さえておく必要があると語っている．営業の仕事を行うGさんは，取引先で政治についての話を振られて分からないようでは，相手からの信頼を失ってしまうと考え

ている.

　Lさんも，ビジネスマンであれば皆新聞を読みニュースを見ており，面接において提示した憲法改正・テロ特措法・アジアの人々への謝罪と反省・消費税・定額給付金という5つの争点についてもすべて話したと語っている．また，仕事上の付き合いと私生活における付き合いが重なっている部分もあり，Lさんが職場とそれ以外の友人関係において話す内容には大差ないが，以下のような違いは見られるという．

> 基本的には違わないんですけれど，情報の量っていうのが多少は違うと思うので，たとえば，主婦の方とか，そういうお友だちのときは，あまり突っ込んだ話もしませんけれど，ビジネスマンとかになってくると，そういえばおたくの知り合いに何かいなかった？　とか，そういう風になってくるので．まあ，そういう意味では違いますね（L　50代女性　政治参加数3）.

　Lさんの語りに登場する「そういえばおたくの知り合いに何かいなかった？」という言葉は，第6-5節において見てきた仕事が政治と直接の関連を持つケースにあてはまるものである．人々の仕事が政治と関連を持つことが決して珍しくないからこそ，ビジネスマン同士のコミュニケーションにおいては，そのことが話題に上るのであろう．

　このように，政治は仕事の場であれ，それ以外の場であれ，コミュニケーションのツールとして用いられることがあるものである．この場合には「居住地域」「個人の生活」「仕事経験」といったこれまでのフレームにおいて見られたように，有権者が自身の経験に基づくフレームを用いて政治を理解するのではなく，政治が有権者の生活において道具的に用いられるという，いわば主客の逆転現象が起こっているといえる．

　政治が人々のコミュニケーションの道具に堕するということは，政治学の観点からいえば許し難いことかもしれない．しかし，第Ⅰ部において紹介した「政治は人生という素晴らしいサーカスの幕間の余興に過ぎない」というダール（Dahl, 1961）の言葉に表れているように，政治が人々の生活の中心にあるわけではないという現実がある以上，生活の中でツールとして利用される場合があるということは自然といえよう．また，政治が人々のコミュニケーションの

道具として利用されることは，必ずしも民主主義社会にとって悪いこととは限らない．なぜなら，コミュニケーションは，人々が個人の経験やメディアから得た政治情報を周囲の人々にも広げる可能性があり，たとえ，政治家のスキャンダルについて面白がるといった内容であったとしても，その副産物として，有権者にとって必要な政治情報が得られる可能性を持っているからである．

「会話の通貨」フレームは自らの日常生活から得られた経験を用いて政治を捉えるという「居住地域」「個人の生活」「仕事経験」という3つのフレームとは異なっており，本書におけるフレームの定義からも若干の距離がある．しかしながら，政治が有権者の生活において道具的に用いられるというフレームの存在，および政治が有権者の生活における道具として扱われたとしても民主主義に対してポジティブな影響をもたらす可能性があるということを指摘することは，「一般有権者が政治を捉えるフレームを明らかにする」という本書の目的に照らして重要であると考えられるため，「会話の通貨」フレームを本書におけるフレームのひとつとして取り上げる．

6-7 私的生活空間との関連において政治を捉えるフレームの意義

24名の有権者を対象に行った面接調査から「抽象的概念」「居住地域」「個人の生活」「仕事経験」「会話の通貨」という一般有権者が政治を捉える5つのフレームの存在が明らかになった．24名という少数の対象者への面接を通じた研究である以上，統計分析に基づく量的研究のような一般化可能性を持つとはいえないが，表6-2にまとめたように複数の対象者における複数の質問項目において言及が見られたフレームのみを析出しているという点は再度強調しておく．

さて，本書の主題は，有権者が政治に関わる能力を持っているのかどうかという点について，一般有権者が政治を捉えるフレームに注目することでひとつの回答を試みるというものであった．政治的洗練性概念に沿って考えれば，5つのフレームのうち，「抽象的概念」に基づいて政治を捉えるフレームを持った有権者の洗練性が高いということになるが，果たして，他の4つのフレームを用いて政治を捉えることは現代の民主主義社会においてどのように評価でき

るのであろうか.「抽象的概念」以外の4つのフレームは自らの日常生活における経験をもとに政治を捉えるフレームであったが,これらのフレームについて考察する上で,ハーバマス（Habermas, 1990)[17]による「公共圏」についての議論を批判的に引用するとともに,公共領域に関わる現代社会の変化について述べる.

　ルソー（Rousseau, 1762）の『社会契約論』によれば,近代の民主主義は,国家を構成する個人が私的な利益である特殊意志ではなく構成員に共通する公共的な利益である一般意志を表明し,一般意志が法として採択されることによって成り立つとされる.ハーバマス（Habermas, 1990）はこの私的な利益と公共的な利益という民主主義に関わる異なる利益に関連して「公共圏」という概念を提唱した.公共圏とは私的利害が異なる人々の利害の調整の場ではなく,多様な価値観を持つ人々がどのような規範を正当なものとみなすかについて話し合う場である.かつては人々が私的生活空間を離れて公共の利益を追求するための規範について話し合う公共圏こそが民主主義を支える基盤であったが,資本主義的市場経済の進展とともに特定の組織がマスメディアを利用した操作的な広報活動を行うようになり,私的利害にすぎないものが疑似的公論としての地位を占め,疑似的公論を大衆が無批判に取り入れることによって民主主義が危機に瀕しているというのである.

　公共圏という概念を参考にしながら,本章において明らかになったフレームについてもう一度振り返ると,「居住地域」「個人の生活」「仕事経験」という3つのフレームはそれぞれ,地域,家庭や消費生活,職場という3つの私的生活空間とのつながりにおいて政治を捉えたフレームということができる.また,「会話の通貨」というフレームは,職場あるいはそれ以外の私的生活空間におけるコミュニケーションのツールとして政治を捉えるフレームとして位置づけることができる.一方で,「抽象的概念」フレームにおいて用いられた概念は,人々が私的な利害を離れて公的な利益を追求するための規範について議論を行う上で不可欠のものといえる.つまり,公共圏概念をもとに考えても,政治的洗練性概念をもとに考えた場合と同様,有権者が「抽象的概念」フレームを用

17）初版は1962年である.

いて政治を捉えることが民主主義において望ましいという結論が導かれる．

ハーバマス（Habermas, 1990）の公共圏概念は，本章の面接における5つのフレームのうち，「抽象的概念」フレームと他の4つのフレームの特徴を比較する上で有用であった．しかしその一方で，「公共圏」概念が想定した民主主義の規範理論における理想と現代の社会の相違について考えると，「抽象的概念」以外の4つのフレームについても積極的に評価すべき面があるということが分かる．現代における政治や社会の問題を考える際には，私的生活空間と公共空間を明確に切り分けることは以前にも増して困難になりつつあること，私的生活空間と公共空間を関連づけることをポジティブに捉えうる現象が増えていることが，先行研究において示されているのである．

今田（2000）は社会階層と社会移動全国調査（SSM）調査データの分析を通じて，人々の社会的な関心が「所有（持つこと）」から「存在（生き方）」へと移行しつつあることを指摘している．それにともなって人々の政治志向性も，物質的な豊かさや達成的地位を提供する「地位政治」から，周囲の人々との関係の中で自己実現とアイデンティティーの確立を支援する「生活政治」へとシフトしているというのである．「生活政治」は「一人ひとりの私的活動の中に，他者との共生ならびに公共性を見出していく政治」と表現されている．

今田（2000）による研究の主眼は社会階層の分析にあったが，政治を対象とした分析においても，私的生活空間と公共空間を明確に切り分けることは困難であるということを示す結果が提出されている．池田（2007b）はJES Ⅲデータを用いて，人々を政治へと志向させるのではなく，政治から距離をとらせ私生活へと向かわせる「私生活志向」という概念について検討を行っている．その中で「私生活志向」の2つの下位尺度について，政治から距離を置く「政治非関与」因子が政治参加と負の関連を持つ一方で，家族との関係や消費，仕事を重視する「私生活強調」因子が政治参加と正の関連を持つことが明らかになった．この結果は，私的活動が公共性を帯びた政治参加につながる可能性を示唆するものである[18]．さらには，私的活動の最たるものとされ，市民活動と対

18）ただし，池田（2007b）が指摘しているように，「政治非関与」因子と「私生活強調」因子が0.4-0.5程度の正の相関を持つことを考えると，人々が私生活を強調する傾向を政治参加につながるものとして手放しに賞賛することはできないということは述べておく必要があろう．

置され社会的な批判の対象とされてきた消費行動ですらも，公的な活動としての側面を帯びるということを明らかにした研究も (e.g. 稲増・池田, 2010 ; Shah, McLeod, Friedland, and Nelson, 2007)，現代社会において私的生活と公共空間を明確に切り分けることが難しいこと，私的空間と公共空間を関連づけることが積極的に評価されうることを示す一例といえよう[19]．

　ここで本章の面接において振り返ってみると，地域のゴミが回収されなかったという問題をきっかけとしながらも，より広い政治の問題に関心を持っていったSさん，自らの生活をもとに政治を捉えながらも，消費税についての自らの利益と公共の利益が異なることを自覚しているNさん，会社の業務を通じて知った航空業界におけるアメリカの圧力の問題から日本国民の政治に対する関心について述べたHさんなど，面接においても私的生活空間をもとに政治を捉えることが単なる私的利益の追求には終わらず，公共的な視点と結びついている例は多く見られた．

　私的生活空間と公共空間を明確に切り分けることが難しくなっている現代社会において，私的生活とは切り離された抽象概念によって政治を捉えることのみを有権者が政治に関わる能力の高さとして評価することは，現実的とはいえない．むしろ，私的生活空間の中での活動に公共性を見出していくという行為が民主主義を支える地位を占めつつあるといえよう．こういった状況においては，本章の面接で明らかになった「抽象的概念」以外のフレームに見られるように，有権者が居住する地域や職場を含む私的生活空間において副産物的に政治情報を獲得し，私的生活空間との関連で政治を捉える力を持つということは，現代の民主主義社会において積極的に評価すべきではないだろうか．

　ただし，この点については先行研究からの示唆に留まっており，本章における面接の結果から知見を提出できるわけではない．抽象的概念のみならず，私的生活空間との関連において政治を捉えるフレームを持つことが，実際に有権者を政治に関与させることにつながるのか，具体的には，政治関心・政治的有効性感覚・政治参加といった民主主義社会を支える諸変数と結びついているのかという点については，次章以降において検討を行う．

---

19) 利潤の追求を前提とする私企業の社会的責任を問うCSR概念の隆盛もこの一例といえよう．

第7章
有権者が保持するフレームと政治的態度・行動との関連

7-1　研究目的とリサーチクエスチョン

　前章では，24名という少数の有権者を対象とした面接調査を行った結果，「抽象的概念」「居住地域」「個人の生活」「仕事経験」「会話の通貨」という一般有権者が政治を捉えるフレームの内容が明らかになった．本章では郵送調査を用いて，これらのフレームが有権者において広範に見られるものなのかどうかを確認するとともに，フレームを持つことと政治的態度・行動との関連について検討を行うことを目的とする．

　面接調査などの質的研究手法は，有権者の政治に対する認知の詳細を明らかにする上では極めて有効な手法であるものの，知見の一般化可能性には限界が伴う．とくに，有権者の社会的属性の影響を強く受けることが知られている政治という問題を扱うにあたっては，少数のサンプルを対象とした知見を一般化することの危険性は大きい．また，本書独自の問題点として，政治参加数を用いた層化を行ったとはいえ，前章の面接の対象者は自ら参加を希望した有権者たちであるため，平均的な有権者に比べて政治への関与が強いという可能性が存在している．そこで，本章においては，選挙人名簿からのランダムサンプリングというある程度の代表性を担保できる手法を用い，計量的な手法を用いた検討を行う．

　本章において検証されるリサーチクエスチョンは以下の通りである．

RQ1：前章の面接調査によって明らかになった各フレームは，有権者において一般的に見られるものなのか

RQ2：どのフレームとどのフレームが有権者において同時に保持されやすいのか

RQ3：政治を捉えるフレームは，政治関心・政治的有効性感覚・政治参加とどのような関連を持つのか

　まず，少数のサンプルを対象とした面接から明らかになったフレームがサンプルの対象者の特殊性に基づくものなのか，それとも有権者において一般的に見られるものなのかを検証することが必要である．そこで，前章における面接の内容を参考に作成した質問項目について，どれだけの回答者が「そう思う」のかという単純集計を確認する．

　次に，フレームの共起関係，つまりは，どのフレームとどのフレームが有権者において同時に保持されやすいのかという点について検討する．前述の通り，面接においては，フレームと対象者を一対一対応させることを目的とはしていなかった．そのため，たとえばPさんの語りは「抽象的概念」と「個人の生活」，Gさんの語りは「仕事経験」と「会話の通貨」といった形で，それぞれ複数のフレームの説明に登場している．このように有権者が政治を捉える複数のフレームを保持しており，状況によって適用されるフレームが異なるということは，第3-1節において述べた本書のフレーム概念に沿うものであるが，有権者が複数のフレームを保持する場合において，どのフレームとどのフレームが同時に保持されやすいのかという点については，前章の少数のサンプルを対象とした面接調査をもとに言及することはできない．そこで，本章においては，面接の内容をもとに作成した質問項目の相関を調べることで，その共起関係を確認する．

　最後に，一般有権者が政治を捉えるフレームが，人々の政治への関与を強めることにつながるのかどうかという点について検証を行う．具体的には，各フレームと政治参加という行動および政治関心・政治的有効性感覚といった政治参加と正の相関を持つことが知られている心理変数（Dalton, 1988; 蒲島, 1988）との関連を分析する．

7-2　方法：ランダムサンプリングに基づく郵送調査

用いるデータ

　2009年9月に1都3県に在住する1200名の有権者を対象とした郵送調査を行った．対象者は，東京都板橋区・千葉県船橋市・埼玉県所沢市・神奈川県平塚市の選挙人名簿から，それぞれの都県の人口比に沿って抽出を行った（順に437名，211名，246名，306名）．また，各自治体の選挙人名簿から対象者を抽出するにあたっては，人口比に沿って投票区を抽出した後，投票区から対象者を抽出する二段階確率比例抽出法を用いた．有効回答数は399であり，回収率は33.3％であった[1]．回答者の平均年齢は51.5歳，性別については男性が199名，女性が200名とほぼ半々であった．

独立変数

　郵送調査において測定した質問項目のうち独立変数に対応する項目は，前章における面接調査を通じて明らかになった一般有権者が政治を捉える5つのフレームに対応するものである．「抽象的概念」「居住地域」「個人の生活」「仕事経験」「会話の通貨」という5つのフレームのうち，「会話の通貨」については，職場とそれ以外におけるコミュニケーションに分け，6つのフレームに対して，それぞれ3項目ずつの質問を用いて測定を行った．なお，仕事に関連して政治を捉える2つのフレーム（「仕事経験」「会話の通貨（職場）」）に関する質問項目については，パートタイム・アルバイトや自由業も含む職業に就いている対象者のみに尋ねた．選択肢についてはすべて「そう思う」「どちかといえばそう思う」「どちらかといえばそう思わない」「そう思わない」の4件法である．

　前章における面接では，「仕事経験」フレームにボランティア活動を通じて獲得したフレームも含んでいたが，量的調査において同一の質問で仕事とボランティアについて尋ねる場合，ダブルバーレル質問となってしまうこと[2]，単独の質問として設けるには，フレームの獲得につながるほどボランティア活動

---

1) なお，対象自治体別の回収率は，板橋区は32.7％，平塚市は35.7％，所沢市は30.9％，船橋市は33.6％であり，自治体によって回収率が大きく異なることはなかった．

を積極的に行っている対象者が少ないと想定されることから，本章の分析においてはボランティア活動については除外している[3]．もちろん将来的には，たとえばインターネット調査を用いて，職業についている有権者，ボランティア活動を行っている有権者を集め，仕事とボランティアを区別した上で分析を行い，報酬を得る仕事とボランティアにおいて獲得されるフレームの違いについて計量的な分析を行うということも考えられる．また，定年退職者など過去に仕事についていた対象者についても，今回の分析においては仕事を持たない対象者としているが，彼らを対象として過去に獲得したフレームの効果の継続性を検証するといった研究も考えられる．

項目の作成にあたっては，前章における面接の内容を踏まえるとともに，尺度の分散を確保するため，多くの人が「そう思う」と回答するであろう項目と「そう思う」と回答する回答者が少ないと考えられる項目の両方を含むよう配慮した．また，回答者が質問項目の内容と関係なく「そう思う」と同意を示す傾向が分析結果を歪めることを避けるため，すべてのフレームにおいて3項目のうち1項目を反転項目とした．項目の内容については次節において詳しく説明する．

媒介・従属変数

従属変数として測定した変数は政治参加数であり，「必要があって政治家や官僚に接触した」「議会や役所に陳情や署名に行った」「市民運動やデモに参加した」「献金やカンパをした」「インターネットやホームページの掲示板などで，政治についての意見を表明した」などの13種類の活動について経験したことのある活動の数を加算した変数を分析に用いた[4]．

---

2) 金銭的利害が絡む仕事とそうではないボランティアにおいて，フレームの効果が異なる可能性は十分に考えられる．
3) 第5章において使用したJES Ⅲ 9波のデータによれば，ボランティア団体に参加している対象者は10.9％存在したものの，9.4％という大半の対象者はメンバーになっている程度であり，Tさんのように積極的に活動している対象者はわずか1.5％であった．本章における分析の対象者である399名の1.5％は6名であり，計量的な分析の対象としてはあまりに少ない．
4) 政治参加の項目は前章で面接対象者の層化に用いたものと同じだが，14項目のうち「自治会や町内会で活動した」という項目は独立変数である「居住地域」の項目と内容が重複するため除外した．

また，媒介変数として用いるため，政治関心および政治的有効性感覚について尋ねた．政治関心については第4章・第5章と同様，「かなり注意を払っている」「やや注意を払っている」「あまり注意を払っていない」「ほとんど注意を払っていない」という4件法の尺度を用いた．政治的有効性感覚についての質問は，「自分のようなふつうの市民には，政府のすることに対して，それを左右する力はない」「政治や政府は複雑なので，自分には何をやっているのかよく理解できない」「選挙では大勢の人々が投票するのだから，自分一人くらい投票しなくてもかまわない」「国会議員は，大ざっぱに言って，当選したらすぐ国民のことを考えなくなる」の4項目である．選択肢は「あてはまる」「少しあてはまる」「あまりあてはまらない」「あてはまらない」の4件法で尋ねた．

7-3　フレームの測定項目と単純集計

7-3-1　測定項目の作成

郵送調査においてフレームを測定するために用いた質問項目について，以下において順に説明する．まずそれぞれのフレームについての概念化を行い，その上で面接における実際の対象者の語りを参考にしながら質問項目を作成した．なお，前章においては面接内容を原文のまま引用したが，本章における引用は該当箇所を要約したものである．

抽象的概念

前章において見てきたように，「抽象的概念」フレームはハーバマス（Habermas, 1990）の公共圏概念などの民主主義についての規範理論において表されている理想像と合致していた．政治を自らの私的生活空間における問題とは切り離して，あくまで公共領域においてどのような規範を採用することが公共の利益につながるかを議論するという視点で考える場合には，政治に関わる抽象的概念への理解が不可欠となる．したがって，抽象的概念フレームによって政治を捉えるということを，「私的生活空間を離れ」「抽象的概念についての

理解を持って」「公共領域において採用すべき規範について議論する」と定義づけた.

具体的な項目について，まず，Pさんによる「本来日本があるべき姿を一から考えるような民主主義を構築する必要がある」という語り，および「小さな問題であっても，つきつめると国家や民族といった概念にぶちあたる」というWさんによる語りを参考に，「公共領域において採用すべき規範について議論する」ということを「国家のあるべき姿について議論する」と表現した下記(1)の項目を作成した．なお，「私的生活空間」は「身近な問題」と表現している．さらには，「公共領域において採用すべき規範について議論する」上で必要となる抽象的概念への理解については，具体的な政策争点に対する態度を統合するものと位置づけたコンバース（Converse, 1964）によるイデオロギーの定義，および「政治家は常に自身が持つ志や理念に照らし合わせてどうするかを判断すべき」というWさんの語りを踏まえて，政治家や政党による具体的な政策の背後にある理念を重視するかどうかに関連する(2)と反転項目の(3)を作成した．

(1) 政治とは本来，身近な問題ではなく，国家のあるべき姿について議論するものだ
(2) 政党や政治家の持つ根本的な主義や理念の理解なくして，政治を理解することはできない
(3) 政治家は大きな理念を語るのではなく，具体的な政策について議論すべきだ（反転）

居住地域

「居住地域」フレームを用いるということは，自らの私的生活空間の一部である居住する地域と政治を関連づけて捉えるということであるが，具体的な地域との関わり方として，前章の面接において見られた2つの要素を踏まえ，以下のような定義づけを行った．「居住地域」フレームは，政治を「他の地域との比較や地域の変化についての観察」あるいは「地域活動に参加することで得られた経験」と関連づけて捉えるフレームである．

具体的な項目の作成については，「他の地域との比較や地域の変化についての観察」という要素に関して，転居によって自治体ごとに道路の整備の良し悪

しが異なることに気づいたことをきっかけとして政治に関心を持ったSさんや，親の転勤に伴って転居を繰り返す中で都市と郊外を比較する視点を身に着けたCさんの語りを踏まえ，(1)の項目を作成した．また，「地域活動に参加することで得られた経験」という要素については，Qさん，Sさん，(6章では紹介しなかったが) Wさんの語りに登場した「道路の整備」，Wさんの語りに登場した「公園へのブランコの取り付け」といった地域の問題の具体例をふまえ，(2)の項目を作成した．(3)の項目は，(2)とは逆に地域の問題と政治・行政を切り離す捉え方であり，反転項目となっている．

(1) 各自治体の政治・行政がうまくいっているかどうかが，地域の住みやすさと関係している
(2) 道路や公園の整備などの地域の問題について，住民は積極的に政治や行政に働きかけていくべきだ
(3) 自分の住む地域の問題に参加することと，政治や行政の活動とは別物だ（反転）

個人の生活

　私的生活空間とはいえ，「居住地域」や「仕事経験」というフレームが多くの他者との関係性を前提としており，自治会・町内会や職場などにおける利害が個人の利害と対立する，これらの組織が個人に対して強制力を発揮するなど，ある程度公共的な側面を持っている．それに対して，完全に私的な領域に位置づけられるのは個人および家族という対象である．「個人の生活」フレームはこのような領域における生活と政治を関連づける枠組みであり，家計や消費・サービスなど完全に私的な領域における行動と政治を関連づけるフレームだと定義づけることができる[5]．

　「個人の生活」については，「1円玉の怒り」のように対象が明確であった時期とは異なり，調査時期においては誰しもが共通して想起できる具体的な場面を挙げることが難しかったため，(1)の項目において直接的に生活の中で政治の影響を感じるかどうかを尋ねている．ただし，この項目に対しては「そう思

---

5) もちろん，保険料や消費税自体は公的なものだが，「こんなにお金を取られては暮らせない」といった発言は政策がもたらす社会的効果ではなく家計に焦点をあてたものであり，これらの支払いという行動については私的なものとみなすことが可能であろう．

う」と答える対象者が多いと考えられるため[6]，この項目の回答だけでは，本当に自身の生活との関連によって政治を捉えているかどうかを測ることはできないであろう．そこで，より強い表現になっており「そう思う」と答える回答者が相対的に少ないと考えられる(2)の項目や，反転項目である(3)を加えている．

(1) 生活の中で，政治の影響を感じることがよくある
(2) 政治問題のうちで関心が持てるのは，自分の生活に直結しているものだけだ
(3) 政治は，自分の生活に直接関係する事柄ではない（反転）

仕事経験

　政治を私的生活空間の中でも，とくに自らの仕事で得られた経験と結びつけて捉える枠組みである．前章の面接においては，「自らの仕事が政治と直接関連している場合」に限らず，比喩を用いて政治について捉えるなど，政治に関連した特定の業務ではなく会社組織で働く経験自体がフレームの獲得につながっているケースも見られた．しかし，他のフレームと項目数を揃えるため，本章においては前者のみに焦点をあて「自らの仕事との直接の関連をもって政治を捉えている」フレームと定義づけた．

　ただし，前述のボランティアでの経験と同様，会社組織で働く経験自体に基づくフレームの獲得も，前章における面接において明らかになったにもかかわらず本章における郵送調査の項目には含まれていない点であるため，「仕事経験」フレームの検討に特化したさらなる研究を行う中で，これらのフレームを保持することが持つ効果について検討していく必要がある．

　仕事経験についても，仕事と政治の関連の内容は有権者ごとに大きく異なると考えられるため，郵送調査の中で具体的な内容にまで踏み込んで尋ねることは難しい[7]．そこで，(1)の項目において自身の仕事が政治と関連しているとい

---

[6] 面接の中でも個人の生活との関連で政治を捉えるフレームを持つとまではいえなくとも，生活の中で政治の影響を感じる場面について具体的な内容を語った対象者は多かった．

[7] 「個人の生活」や「仕事経験」において具体的な内容に踏み込んで尋ねられないことは，個人の回答の詳細な分析ではなく統計分析によって全体の傾向を把握する量的調査の限界である．そうであるからこそ，フレームの内容の詳細を知るには前章のような質的面接調査が必要となる．

うことを直接的に尋ねている．(2)は，羽田空港関連の仕事を行うHさんの「仕事のことを考えると与謝野さんに首相になって欲しい」といった語りを参考に，より具体的な関連について尋ねたものである．(3)は「若いころは選挙にも行かなかったが，社会で働くようになって，国の政治に影響されている面があると感じた」というEさんの語りを踏まえた反転項目である（第6章では紹介していない）．

(1) 私の仕事は政治と関連している
(2) 選挙で誰が当選するかは，私の仕事に影響を与える
(3) 政治ニュースを知らなくても，私の仕事にとって問題はない（反転）

会話の通貨

「会話の通貨」フレームから政治を捉えるということは，政治を私的生活空間における会話の道具として捉えるということである．前章の面接において政治を会話の道具として利用する際のメリットは2つ述べられており，（踏み込んだ話ではなくゴシップに近い話であれば）多くの人が共有あるいは共感できる便利な話であるというAさんやQさんの語りに見られた他者との関係性に焦点をあてた利点，およびGさんの語りにおいて典型的であった政治について話すこと自体が楽しいという利点が挙げられる．「会話の通貨」フレームは，政治を「会話を楽しむ」あるいは「他者との関係性の形成・維持」という機能を持った，私的生活空間における会話の道具として捉える枠組みと定義づけられる．

具体的な項目の作成について，「他者との関係性の形成・維持」という点について，政治という話題がテレビなどでよく扱われているために誰でも話せる話題であり，会話のタネとして便利だというAさんやGさんの語りを踏まえて(1)の項目を作成した．同様に，Qさんの「（政治家の）悪口を言っている分には周囲の誰かが迷惑するわけではないから良い」という語り，および面接の中で政治家の批判や政治に対する不満についてよく話すと語った対象者が多かったことを踏まえて[8]，(2)の項目を作成した．政治についての「会話を楽しむ」

---

8) この点についての詳細は池田・稲増 (2009) を参照.

という点については，反転項目を用いて「政治について話すことは楽しい」という内容について直接尋ねている．

(1) 政治ニュースは，友人との会話の話題として便利だ
(2) 政治や政治家についての不満を述べることで，友人と共感し合える
(3) 政治について話しても楽しくないので，友人とは政治の話をしたくない（反転）

会話の通貨（職場）

　私的生活空間の一部である職場でのコミュニケーションにおいても，政治を会話の道具として用いるフレームが見られたが，この場合にはメリットとして強調される点が異なるため，別個の項目として取り上げる．面接において明らかになったメリットは，政治についての会話はビジネスに関わる上でのいわば教養としての機能を持っており，逆にいえば政治についての会話を行うことができなければ，資質を疑われるということであった．「会話の通貨（職場）」フレームは，政治を「ビジネスに関わる者にとっての教養」としての機能を持った，ビジネスの場における会話の道具として捉える枠組みと定義づけられる．

　「ビジネスに関わる者にとっての教養」という側面について，(1) の項目は，政治の話はビジネスマンなら誰でもできるというＧさんやＬさんの語りを踏まえ，職場における「誰でも」の部分を具体化したものである．(2) も同様にＧさんやＬさんの語りにあるビジネスマンであれば誰でも政治の話はできる，あるいはできなければ困るといった内容を踏まえて作成した項目である．(3) は逆に，Ｖさんの語り（第6章では紹介していない）などに見られた「政治の話はタブー」という規範に関連して職場で政治については話さないという考えを表す反転項目となっている．

(1) 政治の話ならば，世代が異なる上司や部下とでもすることができる
(2) 政治の話題についていけることは，社会人としてのたしなみだ
(3) 職場で政治について話すことは，好ましいと思わない（反転）

7-3-2　単純集計

　「前章の面接調査によって明らかになった各フレームは，有権者において一

表 7-1 「抽象的概念」「居住地域」「個人の生活」「会話の通貨」についての単純集計

		そう思う	どちらかといえばそう思う	どちらかといえばそう思わない	そう思わない	平均	N
抽象的概念	政治とは本来，国家のあるべき姿を議論するもの	11.3%	17.5%	38.6%	32.6%	2.1	389
	政党や政治家の根本的な理念の理解が必要	19.3%	43.8%	26.3%	10.6%	2.7	388
	政治家は理念でなく具体的な政策を議論すべき（反転）	4.8%	15.0%	41.0%	39.2%	1.9	393
居住地域	自治体の政治・行政が地域の住みやすさと関連	36.3%	45.9%	14.7%	3.0%	3.2	394
	住民は地域の問題について政治・行政に働きかけるべき	31.6%	57.5%	9.9%	1.0%	3.2	395
	地域の問題と政治・行政は別物（反転）	20.4%	43.3%	24.5%	11.9%	2.7	388
個人の生活	生活の中で政治の影響を感じる	24.2%	45.5%	25.7%	4.7%	2.9	385
	生活に直結する問題以外は関心ない	9.5%	28.5%	34.2%	27.8%	2.2	389
	政治は自分の生活に直接関係しない（反転）	57.1%	28.1%	11.5%	3.3%	3.4	392
会話の通貨	政治ニュースは，会話の話題として便利だ	11.9%	44.2%	34.3%	9.6%	2.6	394
	政治への不満で友人と共感できる	8.4%	38.9%	37.4%	15.3%	2.4	393
	政治について話しても楽しくない（反転）	27.0%	40.0%	25.7%	7.3%	2.9	385

般的に見られるものなのか」というRQ1の検証のため，フレームの測定に用いた質問項目の単純集計を示す．表7-1は，職業の有無にかかわらず全員に尋ねた「抽象的概念」「居住地域」「個人の生活」「会話の通貨」という4つのフレームに関する項目の単純集計結果である．

なお，表中の項目の表記は元の文章を短縮したものである．反転項目における回答者の割合については，「そう思う」と回答するほど対象者が各フレームを保持しているという方向になるように値を反転している．また，平均値については，「そう思う＝4」「どちらかといえばそう思う＝3」「どちらかといえばそう思わない＝2」「そう思わない＝1」と回答に値を振った上で平均値を求めており，1点から4点の間の値を取り，理論的中点は2.5点である．もちろん，平均値が何点以上であれば，そのフレームが少数の有権者だけに限られたものではないと判断できるといった明確な基準が存在するわけではない．しかし，理論的中点をひとつの目安とすることはできると考えられる．

12項目中8項目において平均値が理論的中点を越えているという表7-1の結果は，前章における面接において確認された政治を捉えるフレームが，限ら

表 7-2 「仕事経験」「会話の通貨（職場）」についての単純集計

	そう思う	どちらかといえばそう思う	どちらかといえばそう思わない	そう思わない	平均	N
私の仕事は政治と関連	15.8%	27.2%	26.8%	30.2%	2.3	265
誰が当選するかが仕事に影響	9.8%	16.7%	34.5%	39.0%	2.0	264
政治ニュースを知らなくても仕事上問題ない（反転）	28.0%	34.1%	23.1%	14.8%	2.8	264
政治の話ならば，世代が異なる人とも話せる	23.7%	47.7%	16.8%	11.8%	2.8	262
政治の話題は，社会人のたしなみ	27.8%	56.0%	10.5%	5.6%	3.1	266
職場で政治について話すことは好ましくない（反転）	29.7%	42.6%	19.8%	8.0%	2.9	263

れた少数の有権者においてのみあてはまるものではないことを示唆するものといえよう．また，各フレームの測定に用いた3項目のうち2項目以上で平均点が理論的中点を下回っているのは「抽象的概念」フレームのみだということは，このフレームを用いる有権者が相対的に少ないことを示しているが，これはコンバース（Converse, 1964）やニューマン（Neuman et al., 1992）などによる知見と共通する結果である．有権者の多くは，政治的エリートとは異なり，「抽象的概念」以外の自身の私的空間と関連づけるフレームを用いて政治を捉えていることが示唆された．とはいえ，「抽象的概念」をもとに政治を捉えるフレームを用いる有権者も，サンプリング調査における統計分析に耐えられないほど少数というわけではなかった．

表7-2に示したのは，職業を持つ回答者のみに尋ねた「仕事経験」「会話の通貨（職場）」という2つのフレームに関する項目の単純集計である．項目の表記や反転，平均値についての処理は表7-1と同様である．

「仕事経験」については，有権者の認知や行動とかかわらず，政治の影響を受ける業界で働いているか否かという点によって決まる部分が大きいため，表7-1における「抽象的概念」以外のフレームと比べると相対的に平均値が低くなっている．それでも，もっとも同意者が少ない「誰が当選するかが仕事に影響」という項目であっても，4分の1以上が「そう思う」または「どちらかといえばそう思う」と回答していることを考えても，自身の仕事が政治と関連すると考えることが，決して珍しいことではないといえよう．「会話の通貨（職場）」については，すべての項目において平均値が理論的中点を越えており，職を持

つ有権者にとって，職場で政治について話すことは一般的であり，政治について話すこと自体がタブーとはなっていないと考えられる．

以上のように単純集計の結果は，前章の面接において明らかになったフレームは，いずれもごく少数の特殊のサンプルにのみあてはまるものではないということを示唆するものであったため，これらのフレームに関する項目を用いた分析を行う．

7-4　フレーム同士の関連

次に「どのフレームとどのフレームが有権者において同時に保持されやすいのか」というRQ2の検討を行った．まず，それぞれのフレームに関連した3項目を単純加算し，対象者がそのフレームを用いているかどうかという傾向を測定する尺度を作成した[9]．その上で，どのフレームとどのフレームが有権者において同時に保持されやすいのかを相関行列によって検証した．会話の通貨（職場）および仕事経験フレームについては仕事を持たない有権者を欠損としたまま分析を進めると，分析の対象者が仕事を持つ者のみに限定されてしまうため，仕事を持たない対象者はこのフレームを用いることはないと考え，0という値を代入している（表7-3）．

フレーム間の相関を検討したところ，「個人の生活」というフレームが，「居住地域」「仕事経験」という2つのフレームと正の関連を持っていた．この結果は，自身の私的生活空間と政治を結びつけて捉えるという意味では，「個人の生活」「居住地域」「仕事経験」という3つのフレームは共通点を持っており，これらのフレームが同時に保持されやすいということであろう．また，「抽象的概念」は「居住地域」と負の相関関係を持っていたが，これは個々の政策を統合する理念や国家のあるべき姿について議論を行うという政治の捉え方と身

---

[9] 本章においては，多くの対象者が「そう思う」と回答するであろう項目と「そう思う」と回答する対象者が少ないであろう項目を混ぜるなど，尺度の信頼性を重視せずに項目を作成したが，参考までに各尺度の信頼性係数を示す．抽象的概念（$\alpha=0.23$），居住地域（$\alpha=0.45$），個人の生活（$\alpha=0.38$），仕事経験（$\alpha=0.92$），会話の通貨（$\alpha=0.73$），会話の通貨（職場）（$\alpha=0.93$）．信頼性係数が高く，かつ面接の内容をより反映するような尺度の作成については，今後の課題としたい．

表7-3　フレーム同士の関連についての相関行列

	抽象的概念	居住地域	個人の生活	会話の通貨	会話（職場）	仕事経験
抽象的概念	-					
居住地域	-0.14 *	-				
個人の生活	0.02	0.33 ***	-			
会話の通貨	0.15 **	0.14 *	0.30 ***	-		
会話（職場）	-0.01	-0.02	0.10 +	0.11 *	-	
仕事経験	0.02	0.05	0.20 **	0.09 +	0.82 ***	-

+ < 0.1　* < 0.05　** < 0.01　*** < 0.001　　N=347

近な地域の問題を扱うという政治の捉え方は，同時に持たれにくいということを表しているのであろう[10]．さらには，「会話の通貨」フレームが「仕事経験」以外の他の5つのフレームのすべてと統計的に有意な正の相関関係を持っていた[11]．

　これは，政治的エリートにおける公的なディスコースと同様の抽象的概念を用いたフレームであれ，自身の私的生活空間と政治を関連づけるフレームであれ，一定の政治についての捉え方を持っている有権者はそうでない有権者に比べて，政治の話題をコミュニケーションの中でツールとして用いやすいということを表しているのではないだろうか．「会話の通貨（職場）」と「仕事経験」フレームは極めて高い相関を持っていたが，これは仕事を持たない対象者はどちらに対しても欠損となり，欠損値に対して代入を行っているためである．仕事を持たない対象者をすべて欠損として扱った際には，「会話の通貨（職場）」と「仕事経験」フレームの相関係数は 0.15（$p<0.05$）まで低下したが，それ以外のフレーム同士の相関係数の有意性には変化が見られなかった[12]．

---

10) 表6-2にあるように，前章の面接において，「抽象的概念」フレームを用いたPさんおよびWさんが，「居住地域」フレームも用いていたが，サンプリング調査においてはこのような有権者は多数派とはいえないということである．
11) ただし，仕事経験については10％水準における傾向であった．
12) 次節においては，職を持たない場合に「会話の通貨（職場）」と「仕事経験」フレームに値を代入した共分散構造分析・クラスター分析の後に，これらの変数を欠損として扱った分析（表7-6）を示す．

表7-4 政治的有効性感覚についての主成分分析

	第1主成分	第2主成分
自分には，政府のすることを左右する力はない	0.51	-0.35
政治や政府は複雑なので，自分にはよく理解できない	0.55	-0.26
選挙では自分一人くらい投票しなくてもかまわない	0.55	-0.04
国会議員は，当選したらすぐ国民のことを考えなくなる	0.38	0.90
固有値	1.85	0.87

7-5 フレームと政治関心・政治的有効性感覚・政治参加の関連

「政治を捉えるフレームは，政治関心・政治的有効性感覚・政治参加とどのような関連を持つのか」というRQ3を検証する前段階として，政治的有効性感覚の尺度を作成した．政治的有効性感覚を測定する4項目を対象とした主成分分析を行ったところ，固有値が1を越え1項目以上の分散を説明する項目が第1主成分のみであったため，これを政治的有効性感覚の尺度として用いた（表7-4）．なお，内的・外的有効性感覚という下位尺度（Balch, 1974）について考慮すると，第1主成分は「自分には政府のすることを左右する力はない」「政治や政府は複雑なので，自分にはよく理解できない」「選挙では自分一人くらい投票しなくてもかまわない」の3項目の寄与が高く，直交する第2主成分においては「国会議員は当選したらすぐ国民のことを考えなくなる」という項目の寄与が高いことから，第1主成分は内的有効性感覚，第2主成分は外的有効性感覚を表しているといえよう[13]．

次に，前節において相関が極めて高かった「会話の通貨（職場）」と「仕事経験」フレームについて，両尺度の平均値を取り「職場」というフレームとして統合した．その上で，5つのフレームと上記3つの変数との関連を加えた共分散構造分析を行った．モデルの採用基準は，すべての変数が相関を持つフル

---

13) ちなみに，第2主成分（外的有効性感覚）を従属変数，5つのフレームを独立変数とした重回帰分析を行ったところ，「会話の通貨」フレームが第2主成分と10%水準で負の関連を持つ以外は，統計的に有意な関連は見られなかった．

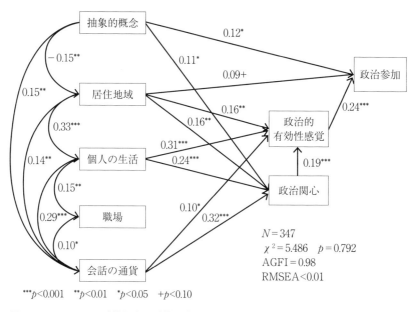

図7-1 フレームと政治関心・政治的有効性感覚・政治参加についての共分散構造分析

モデルを構築した上で,AICを比較しながら有意ではないパスを除外し,最終的にもっともAICが低いモデルを採用した.パスの方向性については「フレーム」が「政治的態度（政治関心・政治的有効性感覚）」に影響し,「政治的態度（政治関心・政治的有効性感覚）」が「政治参加」に影響するという関係を想定するとともに,「政治的態度」に含まれる2変数については政治関心から政治的有効性感覚という因果関係を想定した.これらの変数には政治的有効性感覚から政治関心へという逆の因果関係を想定することも可能であるが,本書においては,政治関心の方が短期的に変化しやすい変数であり,フレームの獲得によってまず影響を受けるのは政治関心であると考えられるため,政治関心から政治的有効性感覚へという因果関係を想定している[14].図中に示した通り,図7-1におけるモデルについては,飽和モデルとの間に統計的に有意な差がなく（χ^2=5.486 n.s.）,AGFI=0.98,RMSEA<0.01と複数の指標において

---

14) これらの変数以外についても逆の因果関係が存在する可能性があるが,詳しくは終章において述べる.

適合を示す値が得られており，モデルの適合度は十分だといえよう．なお，図中のパス係数はすべて標準化した値である．

分析の結果，政治参加と直接の正の関連を持つフレームは，「抽象的概念」と「居住地域」の2つであった（「居住地域」については$p<0.10$）．なお，これら2つのフレームと13種類の政治参加項目との関連を調べるために相関比を求めた結果は以下の通りである．「抽象的概念」と統計的に有意な関連を持っていたのは「献金やカンパをした（$\eta=0.15\ p<0.01$）」「政治的，道徳的，環境保護的な理由で，ある商品を買うのを拒否したり，意図的に買ったりした（$\eta=0.10\ p<0.1$）」の2項目であり，「居住地域」と統計的に有意な関連を持っていたのは「選挙で投票した（$\eta=0.10\ p<0.1$）」「議会や役所に請願や陳情に行った（$\eta=0.17\ p<0.01$）」「選挙や政治に関する集会に参加した（$\eta=0.14\ p<0.05$）」「市民運動や住民運動に参加した（$\eta=0.12\ p<0.05$）」「請願書に署名した（$\eta=0.12\ p<0.05$）」「献金やカンパをした（$\eta=0.18\ p<0.001$）」の6項目であった．これは，「抽象的概念」フレームを持つことは主に個人で行う政治参加を促すのに対して，地域での活動と関連するというフレームの内容からも想像できるように，「居住地域」フレームを持つことは主に集団で行う政治参加を促すということを示唆する結果である[15]．

一方で，フレームと心理変数との関連について調べると，「抽象的概念」フレームは政治関心と正の関連を持っていたが，それ以外にも「居住地域」「個人の生活」「会話の通貨」という3つのフレームと政治関心・政治的有効性感覚との間に，それぞれ統計的に有意な正の関連が見られた．さらには，政治関心と政治的有効性感覚，政治的有効性感覚と政治参加の間にも，統計的に有意な正の関連が見られた[16]．これらの結果をまとめると，「居住地域」「個人の生

---

[15] 政治参加に対する係数の値が「抽象的概念」に比べて小さい「居住地域」の方が関連する項目数が多いのは，政治関心や政治的有効性感覚を通じた間接的な関連が強いためであろう．

[16] 政治関心や政治的有効性感覚といった心理変数の測定においては社会的望ましさが影響している可能性がある．もし，「政治はこう捉えるべき」というフレームについての規範が日本社会において有権者に共有されているとすれば，社会的望ましさの影響によって，フレームとの間に疑似相関が生じる可能性が考えられる．ただし，負の相関を持つ「抽象的概念」と「居住地域」がどちらも政治関心と正の関連を持っていたことを考えると，少なくとも本書における分析結果が，特定のフレームと政治関心が社会的望ましさによって疑似的に関連があるかのように見えているだけのものであるとは考え難い．

表7-5　各クラスターに属する対象者が保持しているフレームの違い

	抽象的概念	居住地域	個人の生活	会話の通貨	職場
政治会話回避（$n=112$）	6.32	8.87	8.24	5.70	4.91
地域・生活（$n=117$）	6.50	10.26	10.56	8.87	5.75
抽象的会話（$n=118$）	7.10	8.19	8.60	8.98	5.68

表7-6　各クラスターに属する対象者の政治参加・政治関心・政治的有効性感覚の平均値

	政治参加	政治関心	有効性感覚
政治会話回避	1.95	1.85	-0.32
地域・生活	3.11	2.52	0.45
抽象的会話	2.42	2.29	-0.12

活」「会話の通貨」という3つのフレームから政治関心や政治的有効性感覚を媒介して，間接的に政治参加へと至るパスが存在するということになる．

　なお，有権者が持つフレームごとに政治参加につながる心理的過程が異なっているという可能性を検証するため，「抽象的概念」「居住地域」「個人の生活」「会話の通貨」という4つのフレームについての得点を用いてクラスター分析を行ったところ[17]，Calinskiの基準によってもっともデータを反映するとみなされた2クラスターに分けた場合には，すべてのフレームにおいて値が高い対象者とすべてのフレームにおいて値が低い対象者に分かれてしまい，フレームの内容を反映した分類は行えなかった．一方で，対象者を3クラスターに分けた上で「職場」を含む5つのフレームについてそれぞれの平均値を比較したところ，表7-5のような結果が見られた．析出されたクラスターは，全体的に平均値は低いがとくに「抽象的概念」と「会話の通貨」において平均値が低い〈政治会話回避〉クラスター，全体的に平均値は高いが「居住地域」と「個人の生活」において平均値が高い〈地域・生活〉クラスター，「抽象的概念」と「会話の通貨」において平均値が高い〈抽象的会話〉クラスターの3つである．

　次に，それぞれのクラスターにおいて政治参加，政治関心，政治的有効性感

17）「職場」フレームをクラスター分析の時点では用いていないのは，仕事を持たない対象者が単独のクラスターとして表れてしまうためである．

表7-7 各クラスターに属する対象者における政治関心，政治的有効性感覚，政治参加の相関係数

		政治関心	有効性感覚	政治参加
政治会話回避	政治関心	1.00		
	有効性感覚	0.36	1.00	
	政治参加	0.12	0.17	1.00
地域・生活	政治関心	1.00		
	有効性感覚	0.18	1.00	
	政治参加	0.20	0.32	1.00
抽象的会話	政治関心	1.00		
	有効性感覚	0.29	1.00	
	政治参加	0.11	0.21	1.00

覚の平均値を比較したところ（表7-6），3項目のすべてにおいて〈地域・生活〉〈抽象的会話〉〈政治会話回避〉という順番に値が高かった．これは，「居住地域」や「個人の生活」と政治を関連づけるフレームの有用性を示す結果といえる．

また，有権者の心理過程の違いを検討するため，それぞれのクラスター内において政治関心，政治的有効性感覚，政治参加という3つの変数の相関係数を確認したところ（表7-7），〈政治会話回避〉および〈抽象的会話〉クラスターにおいては，政治関心と政治的有効性感覚の相関が〈地域・生活〉クラスターと比較して高いものの，政治参加と他の2つの政治的態度の相関は低かった[18]．一方で，〈地域・生活〉においては，他の2つのクラスターに比べて，2つの政治的態度と政治参加の相関が高かった．これは「居住地域」や「個人の生活」といった個人の私的生活空間と政治を関連づけることのできる有権者は，政治関心や政治的有効性感覚が実際の政治参加に結びつきやすいということを示唆する結果である．

これまでの分析においては，仕事を持たない対象者には「会話の通貨（職場）」「仕事経験」というフレームについて0という値を代入したが，これを欠

---

[18] 〈地域・生活〉クラスターにおいて政治関心と政治的有効性感覚の相関が低い理由のひとつとしては，このクラスターにおいては実際に政治に参加する中で，前章の面接におけるQさんのように，有権者が政治に対して影響を与えることのできる余地は小さいということを実感してしまったケースが多いということが考えられる．

表7-8 仕事を持つ対象者におけるフレームと政治関心と政治的有効性感覚，政治的有効性の関連

	政治関心 B		政治的有効性感覚 B		政治参加 B	
仕事経験	0.06	***	0.05	**	0.08	
会話の通貨（職場）	0.03		0.03		-0.06	
政治の関心			0.39	***	0.47	*
政治的有効性感覚					0.62	***
定数	1.54	***	-1.49	***	1.53	+
N	239		239		239	
調整済み決定係数	0.06		0.15		0.11	

$+ < 0.1$　$* < 0.05$　$** < 0.01$　$*** < 0.001$

	政治関心 B		政治的有効性感覚 B		政治参加 B	
抽象的概念	0.04	*	0.01		0.11	
居住地域	0.07	**	0.06	*	0.12	
個人の生活	0.07	**	0.17	***	0.08	
会話の通貨	0.09	***	0.04		0.08	
仕事経験	0.03	+	0.02		0.06	
会話の通貨（職場）	-0.01		0.01		-0.09	
政治関心			0.17	*	0.24	
政治的有効性感覚					0.48	*
定数	-0.09		-3.10	***	-0.81	
N	239		239		239	
調整済み決定係数	0.25		0.28		0.12	

$+ < 0.1$　$* < 0.05$　$** < 0.01$　$*** < 0.001$

損値として仕事を持つ者のみを対象とした分析結果を参考までに表7-8に載せる．なお，仕事を持つ対象者をすべて欠損としたことで，「会話の通貨（職場）」「仕事経験」以外の「抽象的概念」「居住地域」「個人の生活」「仕事経験」という4つのフレームにおける分散が低下し，不適解が生じたため共分散構造分析ではなく重回帰分析を用いた検討を行った．

　その結果，「会話の通貨（職場）」「仕事経験」のみを独立変数とした場合には，「仕事経験」フレームが政治関心および政治的有効性感覚と正の関連を持

っていたが，他の4つのフレームを分析に投入すると，「仕事経験」フレームが10％水準において政治関心と正の関連を持つ傾向が見られた以外には，統計的に有意な関連は見られなかった．これは，図7-1に示した分析によって得られた「職場」フレームが政治関心，政治的有効性感覚，政治参加と関連を持たないという結果と大きく異なるものではない．

7-6　有権者が保持するフレームの意味

　ランダムサンプリングに基づく郵送調査の単純集計結果から，前章の面接によって明らかになったフレームは，少数の特殊なサンプルに基づくものではなく，多くの有権者が保持しうるものであるということが示唆された．

　また，フレーム同士の関連性について検討したところ，私的生活空間との関連で政治を捉える「個人の生活」「居住地域」「職場」という3つのフレームのうち，「個人の生活」フレームは他の2つと正の関連を持っており，「会話の通貨」フレームは「抽象的概念」「居住地域」「個人の生活」「職場」という他のすべてのフレームと正の関連を持っていた．

　とくに，「会話の通貨」フレームが「抽象的概念」および他の3つのフレームの双方と正の関連を持っていたことは，注目すべき結果だといえよう．なぜなら，有権者間における政治的会話は民主主義を支える上で重要なものであり (Huckfeldt and Sprague, 1995; Beck, Dalton, Greene, and Huckfeldt, 2002)，政治的エリートによる公的なディスコースと共通のものであれ，自らの私的生活空間と関連づける一般有権者独自の視点を含んだものであれ，政治を捉えるフレームを持つことが政治的会話の促進に役立つことを示唆する結果だといえるからである．

　有権者が政治を捉えるフレームと政治参加の関連についての検討の結果は，政治参加ともっとも強い直接の正の関連を持つフレームは「抽象的概念」だということを示していた．この結果自体は，抽象的概念に基づいて政治を捉えることを政治的洗練性の高さとして評価するコンバース (Converse, 1964) やラスキン (Luskin, 1987) による研究に沿うものであり，有権者が抽象的概念をもとに政治を捉えるフレームを身に着けることが民主主義にとって有用であるとい

う議論を否定するものではない．

しかし一方で,「居住地域」「個人の生活」「会話の通貨」という3つのフレームから政治関心や政治的有効性感覚を媒介して，政治参加に至るパスが確認されたことや,「個人の生活」「居住地域」といったフレームを用いる有権者のクラスターにおいて政治的態度と実際の政治参加の相関が強かったという結果は,「抽象的概念」に基づいて政治を捉えること「のみ」を洗練性の高さとして評価することを問題視する本書の立場に沿った結果だといえる．前章で述べた通り，私的生活空間と公共空間との境界が曖昧になっている現代においては，両者を明確に切り分け，公共空間を論じるための抽象的概念を用いて政治を語ることのみを評価することは現実的ではない．本章における共分散構造分析の結果は，有権者が私的活動を通じてその活動と政治を関連づけるフレームを獲得することについて，民主主義を支えるものとして評価すべきという本論の主張を支持するものだといえよう．

なお，有権者が私的生活空間との関連で政治を捉えることを評価することは，ポピュリズムの肯定につながるという批判もありうるが，この批判については以下のように論じておきたい．私的生活空間と政治の主客が逆転した「会話の通貨」フレームはともかくとして,「居住地域」「個人の生活」といったフレームは，政治的エリートにおいては見られないフレームだというわけではない．それどころか，政治的エリートの中でも，選挙戦などの政治家が有権者に対して支持を訴える場面に限れば，頻繁に用いられるフレームであるとさえいえよう．ただし，ここで重要なのは，これらのフレームは有権者の日常生活における経験と関連づけられるものだという点である．第5章における直接経験争点と間接経験争点の議論から示唆されるように，有権者が日常生活における経験から情報を獲得できる場合には，政治的エリートと一般有権者の間に相違が生じやすい．また「抽象的概念」フレームに基づいて政治が語られる場合に比べて,「居住地域」「個人の生活」といった政治と有権者の私的生活空間を結びけるフレームに基づいて語られる場合には，有権者にとって政治家の言説の検証は容易だといえる．つまり，有権者が日常生活から副産物的に情報を入手し，政治を捉えるフレームを獲得することができているとするならば，政治家が安易に「地域○○○」「生活○○○」といったメッセージを発したとしても有権

者の支持を獲得することにはつながらず，仮に一時的な支持を獲得したとしても，有権者の検証によってすぐに支持を失う可能性がある．したがって有権者が日常生活における経験から獲得した私的生活空間と政治を関連づけるフレームは，ポピュリズムへとつながるものではなく，むしろ安易なポピュリズムを抑制するものとして働くのではないかと考えられる．

　本章の議論を終えるにあたって，本章における分析が抱える方法論上の問題について述べる．社会調査データを用いた横断的な分析による研究に共通する弱点として，変数Aと変数Bの間に相関関係が見られた場合に，変数Aから変数Bへの影響なのか，変数Bから変数Aへの影響なのかを特定できないということがある．本章における具体的な問題を例として挙げれば，フレームを獲得することが政治参加につながるのか，それとも政治に参加する中で活動を通じて政治関心や政治的有効性感覚，そしてフレームを獲得するのかということは，分析の結果からは分からないのである．本章において用いた共分散構造分析は，変数間の相関関係ではなく，因果関係を仮定した上でモデルを構築する分析手法であるが，モデルが得られたデータに適合しているということをもって，パスの方向性通りの因果関係の存在を示すことができるというわけではない．

　もっとも，現実の場面においては，どちらか一方向だけの因果関係を仮定するということは，必ずしも適切とはいえない．政治を捉えるフレームを獲得することが参加につながり，参加を通じて新たなフレームを獲得していく，あるいはフレームの獲得が関心につながり，関心が高まることで情報が集まるために新たなフレームを獲得するといった形で，フレームと政治関心や政治的有効性感覚，政治参加の間には双方向の因果関係を仮定することが現実的であると考えられる[19]．そう考えると逆方向の因果関係が存在すること自体は，本書における知見を即座に否定するものではない．しかしながら，逆方向の因果関係の存在がどうであれ，一般有権者が政治を捉えるフレームが人々の政治参加，あるいはその前段階にある心理変数の高低を左右するのかどうかという点は別

---

19) 同様に双方向の因果関係を仮定することが現実的な例としては，ノリス（Norris, 2000）が「好循環（virtuous circle）」と呼んだメディアへの接触が政治への関与を強め，関与が強まることで，さらにメディアに注意を払うようになるという関係性を挙げることができる．

論において検証すべき点といえよう．

　また，因果関係という観点のみならず，理論的な観点からも本章のような手法だけでは不十分だと言わざるをえない．本章では，第7章において明らかになった5つのフレームに関連した質問項目を提示し，それが有権者にあてはまるかどうかを尋ねている．そのフレームが活性化されて用いられやすいフレームであろうとなかろうと，フレームを保持さえしていれば対象者は「そう思う」と回答することになる．したがって，本章が明らかにしたのは，フレームを保持していることと政治関心・政治的有効性感覚・政治参加がどのような関連を持つかという点であり，実際にフレームを用いて情報処理を行うことが有権者にどのような影響をもたらすかという点については本章の調査結果をもとに議論することはできない．フレームを保持していることはフレームを用いた情報処理の前提であり，代表性を持ったサンプルにおいてフレームを保持する有権者の割合やフレームを保持することの効果について検討することは必要だと考えるが，実際にフレームが活性化され政治情報の処理に用いられることとは区別されるべきである．

　以上のことから，次章においてはインターネット調査実験を用いて有権者に提示するフレームを操作することで，フレームを用いて情報処理を行うことが有権者にどのような影響をもたらすかという因果関係について検証を行う．

第8章
政治を捉えるフレームの提示がもたらす影響の検討

8-1 研究目的と仮説

インターネット調査実験の実施

　前章においてはすべての対象者に対して同じ質問項目を提示していたため，有権者がフレームを保持しているかどうかを測定することは可能であっても，保持するフレームが実際に情報処理に用いられたことによる影響を測定することはできなかった．そこで本章においては，ランダムに割り当てられた対象者に異なるフレームを提示する実験研究を行うことで，フレームの適用と有権者の政治関心との因果関係を検討する．

　本章において行う実験は，社会心理学において一般的に用いられる実験室実験ではなくインターネット調査実験である．インターネット調査実験とは，ランダムに割り当てられたサンプルに対して異なる刺激や質問項目などを提示することで，実験操作を行う手法のことである．これにより，学生のような特殊な社会属性に限定されたサンプルではなく，多様な社会属性を持った人々を少ないコストで対象にできることは，インターネット調査実験の利点といえる[1]．第3章において述べた通り，政治的態度や行動は，年齢・性別・教育程度・職

---

[1] なお，サンプルの代表性については，日本におけるインターネット調査は，郵送調査や面接調査，電話調査といった従来の調査には劣るのが現状である（稲増，2011；菅原，2011）．一方で，アメリカにおいては，インターネット非利用者をも含むサンプルからRDD法によって対象者を集めており，サンプルの代表性において従来の調査と比べて遜色のないKnowledge networkという調査パネルも存在する（Chang and Krosnick, 2009; Mutz, 2011）．

業などのデモグラフィック要因によって大きな影響を受けることが知られており（Krosnick et al., 2009），政治を対象とした研究を行う上では多様な社会属性を持った人々を対象とすることがとくに重要である．さらには，従来の郵送調査においても，ランダムに割り当てられたサンプルに対して異なる調査票を郵送することによって実験操作を行うことは不可能ではないが，インターネット調査に実験操作を組み込む利点として，サンプルの割り当てが容易であるとともに，一定時間強制的に刺激に接触することを促す，回答者の後戻りを防ぐといったことが可能になるという点が挙げられる．

独立変数

　第2章において紹介したフレーム概念の区別（e.g. Chong and Druckman, 2007; Scheufele, 1999）を用いて記述すると，本章の実験において対象者に提示されるフレームはコミュニケーションフレームであり，提示されたフレームに対応した個人フレームが活性化された結果として，有権者の政治的態度に変化をもたらすというプロセスが仮定されることとなる．したがって厳密にいえば，コミュニケーションフレームを提示した上で，それに対応する個人フレームの活性化の測定を行い，その上で有権者の政治的態度の変化を測定するという手順に沿って研究を行う必要がある．しかし，コミュニケーションフレームの提示による政治的態度の変化を測定することは容易である一方で，コミュニケーションフレームの提示による個人フレームの活性化自体を測定によって確認することは困難である．結果として，コミュニケーションフレームの提示による影響を検討した研究のほとんどにおいて，個人フレームの活性化というプロセスは，理論的には考慮されるものの測定の対象とはなっていない（Scheufele, 1999）．これは，個人フレームの活性化自体を測定するためには実験室実験を行う必要があると考えられるが，コミュニケーションフレームの研究は調査研究や内容分析を中心としており，実験室実験によるものが少ないということが理由として挙げられるであろう．本章の研究においては，政治を対象とした研究において要求される多様な社会属性を持った対象者を集めるという観点からも，第6章および第7章と対象を揃えるという観点からも，1都3県に在住する幅広い年齢・職業の有権者を対象とする必要があるが，社会心理学における多くの実

験室実験が対象とする学生ではなくこれらの有権者を対象とした実験室実験を行うことは難しい．したがって，本章においても，個人フレームの活性化自体を測定の対象とはせず，提示されるコミュニケーションフレームの違いを独立変数として，それに対応する政治的態度の変化を従属変数として測定するが，将来的には個人フレームの活性化を測定の対象とした実験室実験を含む包括的な研究を行う必要があることを述べておく．

従属変数

　本章の実験において従属変数として用いる変数は政治関心である．前述のギャムソン（Gamson, 1992）の研究においても，「不公正」フレームという特定のフレームを獲得することが，政治関心を高めることを通じて，集合的な政治参加への肯定的な評価につながることが明らかにされている．また，前章の共分散構造分析の結果（図7-1）にあるように，政治関心は政治的有効性感覚を媒介して政治参加と関連を持っており，適用されるフレームの違いが政治関心の変化をもたらすとすれば，長期的には日常的に適用されることが多いフレームの違いによって政治的有効性感覚や政治参加の変化がもたらされると考えられる．政治関心は，インターネット調査実験という手法において設定可能なコミュニケーションフレームへの接触という短期的な事象による変化が検出しうる変数であり，なおかつ政治的有効性感覚や政治参加といった政治との関与に関わる他の変数と関連を持ち長期的な影響のきっかけともなりうる変数であることから，従属変数として取り上げる[2]．

仮　説

　実験において提示したフレームは，「抽象的概念」「居住地域」「個人の生活」の3つであり，「仕事経験（職場）」「会話の通貨」という2つのフレームは本章における検討の対象としない．「仕事経験（職場）」フレームを対象としない理由は，前章において政治関心と関連を持っていなかった上に，「仕事経験

---

[2] なお，本章の実験においては，提示されるフレームの違いによる政治関心以外にも政治的有効性感覚の変化は確認しており，政治的有効性感覚についても後述する政治関心についての実験結果と同様の傾向は見られたものの，群間の差は統計的に有意なものではなかった．

（職場）」フレームを文章として提示するためには仕事の限定が不可欠となるためである．また，「会話の通貨」フレームについては，政治の捉え方自体ではなく，フレームに基づいて他者と実際にコミュニケーションを行うことが政治的態度や行動に影響をもたらすと考えられるため，本章の実験手法ではその効果を検出することは不可能である．したがって，本章において検証を行うのは「抽象的概念」「居住地域」「個人の生活」の3つのフレームを提示した際の政治関心の違いである．

　実験操作による政治関心の違いについては，前章から以下のように予想できる．前章の共分散構造分析の結果において，「抽象的概念」は「居住地域」「個人の生活」に比べて政治関心との関連を示すパス係数の値が小さかった．さらに，前章において「抽象的概念」フレームを保持する有権者は他のフレームに比べて相対的に少なかったことから，「抽象的概念」フレームの提示によってもともと保持していた対応するフレームが活性化され，政治関心が高まるという有権者は少ないと考えられる．なぜなら，刺激を提示したとしても，そもそも有権者が保持していないフレームを活性化することはできないからである．よって，「抽象的概念」フレームを提示した場合に比べて，「居住地域」や「個人の生活」フレームを提示した場合には，正の方向に政治関心の変化量が大きくなると考えられる[3]．

　また，政治的洗練性概念に基づけば，「抽象的概念」フレームを保持しておらず，私的生活空間と政治を関連づけるフレームのみを保持する有権者は，洗練性の低い有権者である．したがって，「居住地域」や「個人の生活」フレームを提示した場合と「抽象的概念」フレームを提示した場合に差が見られるとすれば，とくにこのような有権者においてであると考えられる．なお，本章においては政治的洗練性の尺度として，ラスキン（Luskin, 1987）が有権者の政治的洗練性を測定するためのひとつの手段として位置づけており，デリカーピニとキーター（Delli Carpini and Keeter, 1996）を始めとする数多くの研究で用いら

---

[3]「居住地域」と「個人の生活」はともに自らの私的空間と政治を関連づけるフレームであることから，これらのフレームを提示した際の違いについては仮説としては設定しないが，共分散構造分析における政治関心との関連の強さから考察するならば，「個人の生活」フレームを提示した場合の方が，政治関心の正の方向への変化量が大きいと考えられる．

れている（政治システムに対する）政治知識項目を用いる．

仮説1：「抽象的概念」フレームを提示した場合に比べて，「居住地域」フレームを提示した場合の方が，政治関心の正の方向への変化量が大きい

仮説2：「抽象的概念」フレームを提示した場合に比べて，「個人の生活」フレームを提示した場合の方が，政治関心の正の方向への変化量が大きい

仮説3：上記の仮説1と2における差は，政治的洗練性（政治知識）の低い有権者において顕著である

8-2　方法：インターネット調査実験

　2011年2月に株式会社クロスマーケティングのリサーチパネル（1都3県に在住する20-79歳の男女）を対象としたインターネット調査を行った．まず，5612名を対象としたスクリーニング調査を行い，1週間の間隔を空けて1414名を対象とした本調査を行った．本調査はサンプルをランダムに3群に分け，異なるフレームを提示する実験的手法を用いた．インターネット調査においては，質問文を読まずに答える回答者が一定数含まれることは避けられないが，本書においては，フレームを提示する文章を回答者が読み飛ばしてしまった場合には実験操作が失敗することになる．そのため，60秒間が経過するまでは次の質問に移行できないように設定するとともに，次の画面で提示した文章についての事実確認を行う簡単な設問を2問提示し，1問でも誤答の場合は分析から除外した．その結果，最終的な対象者は1047名であった．回答者の平均年齢は43.4歳，性別については男性が53.3％，女性が46.7％であった．

　スクリーニング調査において対象者のベースとなる政治関心の値を測定し，本調査においてフレームを提示した後の政治関心との差を従属変数として用いた．政治関心の測定項目は前章同様，「かなり注意を払っている」「やや注意を払っている」「あまり注意を払っていない」「ほとんど注意を払っていない」という4件法の尺度を用いた．他の質問項目への回答が影響しないよう，政治関

心を測定する項目はスクリーニング調査においては最初，本調査においては提示した文章（フレーム）についての事実確認を行う設問の直後に置かれている．

干渉変数として用いる政治知識の測定においては，「首相になるための条件」「憲法改正の要件」「衆議院の選挙制度」という3つの問いに対して，3択または4択での回答を求めた．なお，回答を行う選択肢以外に「わからない」という選択肢が用意されており，答えがわからない場合には，無理に答えるのではなく，「わからない」という選択肢を選ぶよう問題文に明記した．

フレームの提示

第6章における面接調査や第7章におけるフレームを測定する質問項目の内容を参考にしながら，「抽象的概念」「個人の生活」「居住地域」という3つのフレームに対応する文章を作成した．

抽象的概念フレームの記述にあたっては，「私的生活空間を離れ」「抽象的概念についての理解を持って」「公共領域において採用すべき規範について議論する」とした前章の定義に基づき，「私たちの生活とは直接関係しないような問題についても議論を重ねる」「日常的な関心を離れ，国や社会のあるべき姿について考え，議論を尽くし，それに基づいて投票を行う」など，私的生活空間と対置した上での公共領域について議論することの重要性を表記している．また，前章において質問項目を作成した際と同様，PさんやWさんの語りを参考に「国（や社会）のあるべき姿を考える」という表現を挿入するとともに「民主政治」という抽象的概念を文章に用いている．ただし，フレームの内容ではなく文章表現の難しさの違いが対象者に影響することを避けるため，できるだけ平易な表現を用いるよう配慮した．

「居住地域」フレームの記述にあたっては，政治を「他の地域との比較や地域の変化についての観察」あるいは「地域活動に参加することで得られた経験」と関連づけて捉えるという前章における定義に基づき，これらを「地域について観察することで問題に気づき」，「住民が地域活動を通じて働きかけを行う」というひとつの文章で表現している．文中に登場する地域における具体的な問題としては，面接調査の内容を参考にしており，学校の耐震化はPさんやJさんの語りの中で登場した問題であり，交通標識やミラーについてはW

さん，街灯はOさん，道路の危険性はRさん・Sさんの語りの中で登場した問題である．

「個人の生活」フレームの記述にあたっては，「家計や消費・サービスなど完全に私的な領域における行動と政治を関連づける」枠組みだという定義に基づき，家計と消費・サービスのそれぞれに対応する内容を前章における面接を参考に記述した．家計については，第6-4節において紹介したFさんやQさんの保険料に関する語りやPさんの消費税に関する語りを参考に，これらを納付する瞬間に政治を意識するという表現を用いた．また，消費については面接が行われた2009年3月には実施されていなかったものの，インターネット調査実験が行われた2011年2月に話題となっていたエコカー減税・補助金やタバコ増税といった政策についての記述を追加した．公共の施設の建設という内容はQさんやWさんの語りにおいて登場したものであり，個人が受けるサービスに関連するものである．

文章は，段落ごとに1行の間隔を空け，インターネット上におけるニュース記事を模した形で提示した．フレームの内容以外の要因が影響することを避けるため，各文章の文字数はなるべく揃えるとともに，3つの文章（フレーム）とも「私たち有権者にとって，政治とはどのような存在でしょうか」という文で始まり，最後の一文は「このように私たちが政治について考える際には〇〇〇が重要なのです」となるよう形式を統一した[4]．実験に際しては，「次の文章を読んで内容を記憶してください．次ページでは，文章の内容について確認する質問に答えていただきます（60秒後に「送信」ボタンをクリックできるようになります）」というリード文に続き，対象者ごとに3つの文章のうちいずれかが提示された．実際に対象者に提示した文章は次頁の通りである．

4）このような配慮は行ったものの，記述に含まれる特定の語がプライミング刺激として機能するなどといった可能性を一度の実験で完全に排除することは難しい．同一のフレーム概念を用いて，具体的な記述内容を変更した実験を行うなど，今後も検討を重ねていくことが望まれる．

フレーム１：抽象的概念（317 文字）

> 　私たち有権者にとって，政治とはどのような存在でしょうか．
>
> 　国会に代表される政治的議論を行う場で扱われる問題の中には，私たちの生活とは直接関係しないように思えるものも数多くあります．しかし，そういった問題についても，議論を重ねる中で国や自治体としての結論を出していくことが，政治の果たすべき役割といえます．
>
> 　そして，議員などの政治を職業とする人々だけでなく，私たち有権者も日常的な関心を離れ，国や社会のあるべき姿について考え，議論を尽くし，それに基づいて投票を行うことが民主政治にとって不可欠なことです．
>
> 　このように私たちが政治について考える際には，私たち自身の生活における関心とは切り離された公共的な問題として捉えることが重要なのです．

フレーム２：居住地域（318 文字）

> 　私たち有権者にとって，政治とはどのような存在でしょうか．
>
> 　私たちの家の中に子どもにとって危険な場所，高齢者にとって暮らしにくい場所などがあれば，家を直すことがあるかもしれませんし，地震に備えて耐震化工事を行うこともあるでしょう．しかし，道路や公共の建築物の危険性に気づいたとき，街灯や標識・カーブミラーの設置，公立の学校の耐震化などは，それが必要だと思っても，個人で行うことはできません．
>
> 　そのような問題を解決するとき，地域に住む有権者が自治会などを通じて，政治・行政に働きかけて状況の改善を求めることが必要になります．
>
> 　このように私たちが政治について考える際には，私たち自身が住む地域と密接に関連した問題として捉えることが重要なのです．

フレーム3：個人の生活（323文字）

> 私たち有権者にとって，政治とはどのような存在でしょうか．
>
> 新聞やテレビ，インターネットなどのメディアを通じて政治ニュースに接触した際に，政治について意識するのはもちろんのことです．しかし，それ以外にも，所得税や保険料を納付するとき（給与から差し引かれるとき），タバコやエコカーの価格が変わったとき，近所に公共の施設が建設されたときなど，生活のさまざまな場面で，私たちは政治の存在を意識させられることになります．
>
> 政治は私たち有権者から遠いところにあるようでいて，実際には，政治の影響をまったく受けずに生活することは不可能といってもよいでしょう．
>
> このように私たちが政治について考える際には，私たち自身の生活と密接に関連した問題として捉えることが重要なのです．

8-3 フレームの提示による政治関心変化量の違い

仮説1と2の検証

　提示したフレームの違いを独立変数，スクリーニング調査から本調査にかけての政治関心の変化量を従属変数とする分散分析を行った．その結果，提示したフレームによって政治関心の変化量に差が見られるという結果が得られた（$F(2,1044)=5.45\ p=0.004$）．なお，各条件群における政治関心の変化量の分散は等質であった．各条件群における政治関心の変化量の平均値を縦軸に取ったグラフは図8-1に示した通りである．

　続いて，どの群間において差が見られるかを検討するためにScheffeの検定を行ったところ，「個人の生活」フレームを提示した場合には「抽象的概念」フレームを提示した場合に比べて，政治関心の変化量が正の方向に大きいという結果が得られた（$p=0.007$）．また，「個人の生活」フレームを提示した場合には「居住地域」フレームを提示した場合に比べて，政治関心の変化量が正の

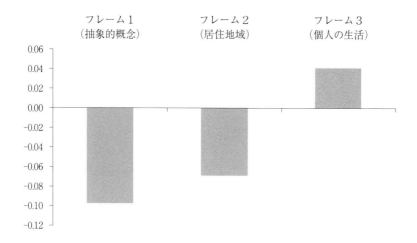

図 8-1 フレームの提示による政治関心の変化量の違い

方向に大きいという傾向が見られた（$p=0.051$）．

実験の結果，「居住地域」と「抽象的概念」フレームを提示した場合において，政治関心の変化量に差が見られなかったことから，仮説1は支持されなかったといえる．一方で，効果量は決して大きくないものの，「個人の生活」フレームを提示した場合には「抽象的概念」フレームを提示した場合に比べて，有意に政治関心の変化量が大きかったことから，仮説2を支持する結果が得られたといえる．

仮説3の検証

仮説3の検証のため，実験対象者を約半数ずつになるよう政治知識低群（正答数1以下）と政治知識高群（正答数2以上）に分けた上で，提示したフレームの違いを独立変数，政治関心の変化量を従属変数とする分散分析を行った．なお，実験対象者における政治知識問題の正答数の平均値は1.30であり，標準偏差は0.96であった．

分散分析の結果，政治知識低群においては，提示したフレームによって政治関心の変化量に差が見られた（$F\,(2,612)=5.06\ p=0.007$）．一方で，政治知識高群においては，提示したフレームによる政治関心の変化量に差は見られなか

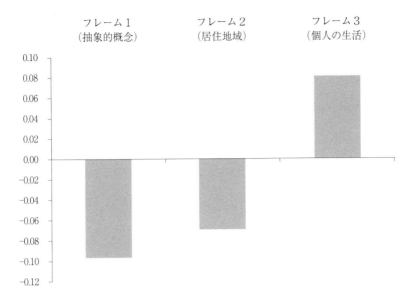

図 8-2　フレームの提示による政治関心の変化量の違い（政治知識低群）

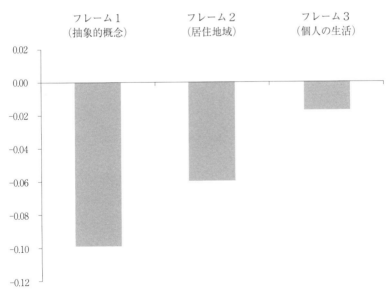

図 8-3　フレームの提示による政治関心の変化量の違い（政治知識高群）

った（$F(2,427)=0.78\ p=0.460$）．政治知識低群について各条件群の政治関心の変化量の平均値を示したものが図8-2，政治知識高群について各条件群の政治関心の変化量の平均値を示したものが図8-3である．

　政治知識低群において多重比較のためScheffeの検定を行ったところ，「個人の生活」フレームを提示した場合には「抽象的概念」フレームを提示した場合に比べて，政治関心の変化量が正の方向に大きかった（$p=0.013$）．また，「個人の生活」フレームを提示した場合には「居住地域」フレームを提示した場合に比べて，政治関心の変化量が正の方向に大きかった（$p=0.042$）．「抽象的概念」フレームと「居住地域」フレームの間にはもともと差が見られなかったため，政治知識の高低によって対象者を分けても変化は見られなかったが，「抽象的概念」フレームと「個人の生活」フレームについては，政治知識低群においてのみ統計的に有意な差が確認された[5]．これは仮説3を部分的に支持する結果だといえる．

8-4　インターネット調査実験におけるフレーム提示の効果

　ランダムに割り当てた対象者に異なるフレームを提示することで政治関心の変化量を調べるインターネット調査実験を行った結果，「抽象的概念」フレームを提示した場合に比べて，「個人の生活」フレームを提示した場合の方が，政治関心の正の方向への変化量が大きいという仮説2を支持する結果が得られた．この結果は，私的生活空間と政治を関連づけて政治を捉えることを積極的に評価する本書の主張に沿うものだといえる．

　また，上記の差は，政治的洗練性を表す指標のひとつである政治知識の水準が低い有権者においてのみ見られた．これは，政治的洗練性の低い対象者は，「抽象的概念」フレームよりも「個人の生活」フレームを保持している場合が多いため，コミュニケーションフレームとして「個人の生活」フレームに接触したことで，対応する個人フレームが活性化された結果であると考えられる[6]．第6章の面接調査において保革イデオロギーなどの抽象的概念に対して抵抗感

---

[5] ただし，政治関心とフレームを独立変数とした2要因の分散分析においては，交互作用が有意にならなかったことからも，効果は小さいものに留まっていると言わざるをえない．

を示す有権者の語りが見られたが，とくに政治的洗練性の低い有権者に対しては，「抽象的概念」によって政治を捉えるフレームに基づいて政治ニュースを伝えることは有効ではなく，私的生活と政治を関連づけて捉えることを促すような伝え方が有効だということが示唆されたといえよう．

　一方で，「抽象的概念」フレームを提示した群と「居住地域」フレームを提示した群の間には，政治関心の変化量に統計的に有意な差は見られず，仮説1は支持されなかった．この理由のひとつとして考えられるのは，「居住地域」フレームは，自治会などに加入しておらず，近隣住民との接触を持たないような有権者にとっては持ち難いフレームであったということである．私的生活空間と政治を関連づけるフレームの獲得は個人の経験に依存しているため，地域活動の経験を持たなければ，地域活動を政治と結びつけるフレームを持つことは不可能であり，コミュニケーションフレームとして提示されても対応する個人フレームが活性化することはないであろう．あくまで解釈のひとつの可能性ではあるが，本章において前章の「居住地域」フレームが政治関心と関連を持つという結果と矛盾する結果が得られた原因として，本章のインターネット調査実験の回答者において，このフレームを持つ回答者が少なかったということが考えられる．これは，有権者は提示されたフレームをそのまま受け取るわけではなく有権者がもともと持っている態度や知識との相互作用が存在する（Druckman and Nelson, 2003; Kinder, 2007）という第2章において紹介した知見に沿う結果ともいえる．さらには，「抽象的概念」「居住地域」フレームについて政治関心の変化量が負の値となっているという結果は，個人フレームとして保持しないフレームをコミュニケーションフレームとして提示された場合には，心理的なリアクタンスなどの過程を通じて，かえって政治関心を低下させる可能性を示唆するものである．ただし，フレームを提示することによって政治関

---

6) ただし，政治知識高群においても，「抽象的概念」フレームを提示した場合に政治関心が上昇したわけではなかった点には注意が必要である．今回の実験において「抽象的概念」フレームの提示によって政治関心が上昇した対象者は35名と少数であったが，これには「抽象的概念」フレームの操作自体がうまくいっていない可能性と，フレームの操作自体はうまくいっていたものの対応するフレームを用いる対象者が少なかった可能性の両方が考えられる．「抽象的概念」フレームの提示による効果に焦点をあてる場合には，フレームを操作する記述の妥当性についてさらなる検討を進めるとともに，スクリーニング調査においてこのフレームを用いる対象者を抽出した上で実験を行うといった工夫が必要となるであろう．

心が低下するという結果は本章の実験において想定した結果ではないため，個人フレームとコミュニケーションフレームの食い違いがもたらす効果については，さらなる検討が望まれる[7]．

また，本章の実験においては仮説1を支持する結果や仮説3を部分的に支持する結果が得られたとはいえ，その効果量は決して大きいとはいえなかった．この原因としては，回答者が実験のみに集中している実験室実験とは異なり，インターネット調査実験においては回答者の注意を乱す要因が無数に存在しているということが挙げられるであろう．結果として，実験操作による影響は弱くなり，本実験に限らずインターネット調査実験においては大きな効果は検出されにくいのである．

しかしながら，現実場面において人々がメディアを通じてコミュニケーションフレームに接触する状況について考えると，テレビ・新聞・インターネットといったいずれのメディアを通してであっても，有権者がメディアのみに集中している状況でフレームに接することは決して多くないといえるであろう．たとえば人々は，家事や食事をしながら朝や夕方のニュースを視聴し，通勤中の電車内で新聞を読み，仕事の合間にインターネット上のニュースに接触する．そういう意味では，むしろ回答者が実験のみに集中しているとは限らない状況の方が外的妥当性は高いと考えられる．回答者の集中を乱すノイズが存在しうる状況化において，「個人の生活」フレームを提示することで政治関心が高まるという効果が検出されたことは，意味のあることだといえよう．

---

[7] なお，本書においては，政治を抽象的概念に基づいて捉えるか私的領域と結びつけて捉えるかという点と有権者の保革イデオロギーの方向性については独立のものとして扱っている．しかし，国家の役割を防衛・警察など最小限に限定する小さな政府志向により「抽象的概念」フレームが保守，福祉国家志向により個人の私的生活領域と政治を関連づけるフレームが革新と結びつくという事態は想定可能である．したがって，もし，今回の調査の対象者に革新的イデオロギーを持った有権者が多いとすれば，リベラルな対象者がフレームの記述に反発したことで「抽象的概念」フレームの提示により政治関心が低下したということが考えられる．しかし，今回の調査の回答者においては，保革イデオロギー（11点尺度）の平均値は6.27（標準偏差は1.87）と，中間の6点よりもやや保守寄りであったため，この説明は成り立たない．

終 章
政治を語るフレームから何が見えるのか

9-1 本書が明らかにしたもの

　本書は，一般有権者が政治を捉えるフレームに注目することで，日本の有権者が政治に関わる能力を持っているかどうかという政治科学における中心的な問いに対して，ひとつの回答を試みるものであった．有権者の能力を測定する指標としてもっとも広く用いられているのは政治的洗練性であり，コンバース（Converse, 1964）やデリカーピニとキーター（Delli Carpini and Keeter, 1996）に代表される過去の研究が明らかにしてきたのは，有権者の政治的洗練性の水準は民主主義社会にとって決して十分とはいえないということであった．しかし一方で，有権者がイデオロギー等の政治的エリートと同様の抽象概念をもとに個々の政治的事象を統合する信念体系を持つことを以って洗練性の高さとすることに対しては，エリート主義的である，有権者独自の政治の捉え方を軽視しているという批判が存在する．そこで本書では，質的研究と量的研究手法を組み合わせて用いることで，一般有権者が政治を捉えるフレームの検討を行った．一般有権者が政治を捉えるフレームが，政治的エリートによる公的なディスコースにおけるフレームとは異なっていたとしても，何らかの一貫性を持つものであり，有権者の政治への関与を促進するものであれば，民主主義社会において積極的に評価すべきであると考えられる．
　第I部に続く第4章では，一般有権者が政治を捉えるフレームと政治的エリートによる公的なディスコースにおけるフレームが異なる具体的な例として，

2007年参院選における年金争点を対象としたテキストデータの計量分析を行った．その結果，年金争点が有権者の注目を集めたこと自体は間違いないものの，「年金問題が参院選における最大の争点であった」とする政治的エリートによる解釈は有権者の実態とは異なっていた．具体的には，国会会議録においては年金制度の設計という観点から年金争点を捉える制度的フレーム，新聞報道においては選挙戦において政党や候補者が主張をぶつけ争うものとして争点を捉える対立フレームが中心となっていたのに対して，一般有権者は自らの負担と政府・与党への評価というフレームによって年金争点を捉えていたのである．さらには，テキストデータと選択式の設問への回答データを組み合わせた分析の結果は，有権者が年金に関わる政策そのものへの態度を各党の主張と照らし合わせることで投票を決定していたわけではないことを示唆していた．第4章を通じて明らかになった争点の捉え方は，社会心理学や選挙研究において明らかにされてきた自己関連づけ効果，業績評価投票，オンラインモデルといった人間が認知資源の限界の中でコストを節約する情報処理メカニズムに沿うものである．

　第5章では，政治的エリートによる公的なディスコースと一般有権者のフレームが一致しやすい争点とそうでない争点との相違について，議題設定効果研究における争点の直接経験性という概念を援用することによって検証を行った．日常生活における経験から情報を入手することのできる直接経験争点においては，政治的エリートによる公的なディスコースと一般有権者のフレームとの相違が生じやすいのに対して，メディアからの間接的な情報に依存せざるをえない間接経験争点においては，両者のフレームの一致度が高いと考えられる．争点の直接経験性とフレームの一致度の関連について検証を行うために本書で取り上げたのは，日米安保や憲法改正といった安全保障と旧体制に対する態度に関わる争点である．日本においては，安全保障や旧体制に対する態度に関連した争点の構造化の度合いが高く，これらの争点は保革イデオロギーの中心を占めるということが知られている（e.g. 蒲島・竹中，1996）．これに対して本書では，争点の構造化の度合いの高さは政治的エリートによる公的なディスコースと一般有権者のフレームの一致に基づいており，現代においても安全保障や旧体制に対する態度に関連した争点の構造化の度合いが高いという現象は，これらの

争点が間接経験争点であることに因るという別解釈の可能性について検討した．

　分析の結果，「防衛力の強化」「安保体制の強化」「憲法改正」「アジアの人々への謝罪と反省」といった安全保障と旧体制への態度に関連した争点においては，マスメディアへの接触が争点態度の成極化あるいは態度の方向性の少なくともひとつと関連を持つ一方で，日常生活における対人ネットワークとは関連を持っていなかった．これは安全保障と旧体制への態度に関連した争点が間接経験争点であることを示唆する結果である．さらには，「憲法」と「年金」という争点について語られる際の，新聞報道と有権者の自由回答における語句の類似度を比較したところ，「憲法」の方が語句の類似度が高いという結果が得られた．これは，間接経験争点である「憲法」は直接経験争点である「年金」に比べて，政治的エリートによる公的なディスコースと一般有権者のフレームの一致度が高かったためだと考えられる．これらの結果は，安全保障と旧体制への態度に関連した争点の多くは，日常生活における経験や観察から情報を得ることが難しい間接経験争点であるため，政治的エリートによる公的なディスコースと一般有権者におけるフレームの一致度が高く，結果として争点の構造化の程度が高くなるという解釈に沿ったものであった．

　第5章における分析の結果として明らかになった知見のうち，とくに重要なものは，日常生活における経験を通じて副産物的に入手した情報が，政治的エリートによる公的なディスコースと一般有権者におけるフレームの違いをもたらすという点である．日常生活における経験がフレームにどのような相違をもたらすのか，政治的エリートの公的なディスコースとは異なる一般有権者独自のフレームはどのようなものかという点について，第Ⅲ部において検討を行った．

　第6章においては，24名の有権者を対象とした質的面接調査を行った結果，「抽象的概念」「居住地域」「個人の生活」「仕事経験」「会話の通貨」という一般有権者が政治を捉える5つのフレームの存在が明らかになった．政治的洗練性に基づいて評価を行うならば，5つのフレームのうち，抽象的概念に基づいて政治を捉えるフレームを持った有権者の洗練性が高いということになる．また，このフレームは有権者の私的生活における関心とは切り離して政治を捉えるという点に注目すると，民主主義の理論的研究における政治の捉え方に示さ

れている政治参加の理想像に沿うものだともいえる (e.g. Habermas, 1990). 一方で, これに対置されるのが「居住地域」「個人の生活」「仕事経験」というフレームであり, これらのフレームは自らの私的生活空間と政治を関連づけるフレームとしてまとめることが可能である. また,「会話の通貨」フレームは, 私的生活空間におけるコミュニケーションのツールとして政治を捉えるフレームである.

　私的生活空間と公共空間を明確に分けることを理想とし, それを実現することが不可能ではなかった時代も過去には存在したかもしれないが, 少なくとも現代においては実現し難い理想だといえる. また, 今田 (2000) が指摘しているように, 人々の求めるものが物質的・地位的な達成から周囲の人との関係性の中での自己実現やアイデンティティーの確立へと変化し, 個人の私的活動の中に他者との共生ならびに公共性を見出していく時代において, 政治を有権者の私的生活空間から切り離すことは, むしろ人々を政治から遠ざけ民主政治に対して悪影響をもたらす可能性が高い. したがって, 有権者が居住する地域や職場を含む私的生活空間において副産物的に政治情報を獲得し, 私的生活空間との関連で政治を捉えることは, 積極的に評価すべきことだといえるのではないだろうか.

　第7章ではランダムサンプリングに基づく郵送調査を行い, 第6章の面接調査を通じて明らかになった5つのフレームが, 少数の特殊なサンプルにおいてのみ見られるものなのか, それとも有権者において広範に見られるものなのかどうかを確認するとともに, フレームを保持することが政治的態度・行動とどのように関連するかを検証した.

　まず, 面接調査の内容を参考に作成した質問項目の単純集計の結果は, 面接調査において明らかになった各フレームが, 少数の特殊なサンプルに基づくものではなく, 多くの有権者が保持しうるものであることを示唆していた. 次に, 各フレームと政治関心・政治的有効性感覚・政治参加という民主主義社会を支える有権者の心理的変数・行動との関連を検討するために共分散構造分析を行ったところ,「抽象的概念」フレームが政治参加と関連を持つのみならず,「居住地域」「個人の生活」「会話の通貨」という3つのフレームから政治関心や政治的有効性感覚を媒介して, 政治参加に至るパスの存在が確認された. これは,

有権者が自らの私的生活と政治を関連づけるフレームを保持することが政治参加へとつながりうることを示す結果であり，私的生活空間と公共領域を明確に分けるのではなく両者を結びつけて捉えるフレームを，民主主義社会にとってポジティブなものとして評価すべきだということを示唆している．

　第8章では，インターネット調査実験を用いて，ランダムに割り当てられた対象者に対して「抽象的概念」「居住地域」「個人の生活」というフレームに対応した異なる文章を提示することで，コミュニケーションフレームへの接触，あるいはそれに伴う個人フレームの活性化と政治関心との因果関係について検討を行った．

　実験において見られたフレームの提示による効果量は小さかったものの，「抽象的概念」フレームを提示した対象者と比較して，「個人の生活」フレームを提示した対象者において政治関心の変化量が正の方向に大きかったという結果は，第7章における私的生活と政治を関連づけるフレームが有権者の政治参加に対してポジティブな役割を果たすという結果に沿うものであった．一方で，「個人の生活」フレームの提示が政治関心を高める効果が政治知識を持たない有権者においてのみ見られたこと，「居住地域」フレームの提示が政治関心を高める効果を持たなかったことについてのひとつの解釈として，コミュニケーションフレームを提示されたとしても，それに対応する個人フレームを有権者が保持していなければフレームが活性化されることがないため，影響が見られないことが原因であったという可能性がある．もしそうだとすれば，どのようなコミュニケーションフレームに基づいて報道を行うかの前に，有権者が政治に関わる個人フレームを獲得できるかということが重要な問題になるといえよう．ただし，この点については現時点では知見が不明確であり，実験手続を改善しさらなる検討を進める中で明らかにしていくべきである．

　以上見てきたように，一般有権者は日常生活における経験を通じて副産物的に政治情報を入手するとともに，自らの私的生活空間と政治を関連づけるフレームを獲得している．政治的エリートの公的ディスコースにおいて頻繁に用いられる抽象的概念に基づいて政治を捉えるフレームとは異なるものであっても，有権者がフレームを保持し情報処理に用いることは，長期的には政治参加を促進する可能性を持つといえる．したがって，政治的洗練性概念に見られるよう

に，政治的エリートの公的なディスコースにおけるフレームとの相違を有権者が政治に関わる能力の欠如とみなすのではなく，私的生活空間と政治を関連づける一般有権者独自のフレームの民主主義社会における役割について，積極的に評価すべきであるというのが本書の結論である．

9-2　次なる研究へ：方法論の洗練

　第Ⅰ部において述べた通り，一般有権者独自の政治の捉え方を明らかにするという観点に立った研究は非常に少ないのが現状である．したがって，本書は，一般有権者が政治を捉えるフレームを明らかにするためのパイロットスタディとしての側面を持っており，問題となる点も多く存在している．そこで本節では，今後検討されるべき課題としてとくに重要な点について述べる．
　第一に，第Ⅱ部におけるテキストデータの計量分析においては，フレームの測定方法を単語単位の分析によってキーワードを抽出することに依っているという問題が存在している．政治的エリートによる公的なディスコースや一般有権者の社会調査における自由回答には，キーワードのみでは明らかにすることのできない内容が含まれることは自明である．
　これに対して，本書では第Ⅲ部において質的面接調査を行うことで，一般有権者が政治を捉えるフレームの詳細を明らかにすることを試みたが，テキストデータの計量分析自体を改良する方向性も考えられる．たとえば，単語の係り受け単位の分析であれば自然言語処理の技術としては十分可能である．ただしこの場合には，単語単位の分析に比べて表現のバリエーションが増大するため，文章が対象となる係り受けを含む場合に1，そうでない場合に0とコードすることで数量化を行うと，多くのセルに0が入力されることとなり，分析に用い難い極めてスパースな行列ができあがってしまうという別の問題が存在する．そのため，表現のバリエーションを抑えるため，類義語を登録する辞書の整備や自由回答の測定法自体を工夫する必要が生じるであろう．あるいは政治的エリートによる公的なディスコースを分析の対象とするのではなく，政治的エリートに対しても面接調査を行うことで，政治的エリートによる語りと一般有権者による語りを比較するという質的な分析を行うということも考えられる．テ

キストデータのより精緻な数量化と質的分析という方向性はまったく異なるものではあるが，どちらも本書を踏まえた今後の研究の展開といえる．

第二に，第Ⅲ部にあたる第 6 章・第 7 章・第 8 章において分析の対象者が 1 都 3 県の有権者に限られるという点は，前述の通り本書が抱える問題のひとつである．選挙研究においては，地域によって人々の投票行動に差が見られることは半ば常識とされており，本書の知見が都市部に限定されるものだという批判は当然ありうる．

しかし，日常生活における経験から副産物的に政治情報を入手して，自らの私的生活空間と政治を関連づけるというフレームの特性自体が，地域によって変化するものだとは考え難い．一般有権者の多くが政治的エリートによる公的なディスコースと共通するフレームを用いる地域や，私的生活空間と公共領域を切り離して捉える地域は，少なくとも現代の日本には存在しないであろう[1]．地域に応じて有権者の日常生活における経験が変化することを考えれば，フレームの中身は当然変化すると考えられるが，その変化も含めて本書におけるフレーム概念によって捉えることが可能だと考えられる．したがって，1 都 3 県以外の地域においても一般有権者が政治を捉えるフレームを検討することが重要であることは間違いないが，本書が 1 都 3 県の有権者を対象として一般有権者が政治を捉えるフレームの特徴を明らかにしたことは，今後他の地域において研究を行う際にも有用だといえよう．

第三に，第 7 章においては，フレームを保持することと政治関心・政治的有効性感覚・政治参加の関連を検討したが，本書の冒頭において述べた通り，民主主義社会においては，有権者が政治に関心を持ち政治に参加するということに加えて，有権者が合理的な投票を行うことが必要とされる．本書においても，フレームの内容に関連して有権者の合理性についての考察を行ってきたが，直接フレームの保持あるいは情報処理への適用が有権者の合理性にもたらす影響を検討するためには，たとえば，ラウとレドロウスク（Lau and Redlawsk, 1997, 2001, 2006）が用いたような「正しい投票」の定義に基づいて，選挙時における

---

[1] 国会議事堂や中央官庁，全国メディアとの地理的近接性という観点に立つならば，首都圏はもっとも政治的エリートとの距離が近い地域といえる．そういう意味では，首都圏においてすら私的生活空間と政治を関連づけるフレームが見られたことは重要だといえる．

調査や実験を行うことが必要であろう．

　最後に，本書が抱えるおそらくもっとも大きな問題は第8章のインターネット調査実験についてのものである．第6章における面接調査などの質的な分析手法を用いて，フレームの内容の詳細を明らかにすることができたといえるが，フレームが情報処理に用いられる認知的プロセスの検討については不十分と言わざるをえない．前述の通り，第8章においてはコミュニケーションフレームへの接触が個人フレームを活性化し，それによって政治的態度が影響を受けるというプロセスを仮定しているが，個人フレームの活性化を測定できていないという問題が存在していた．この点については今後，個人フレームの活性化を含めた認知的プロセスを実証研究の俎上に載せるよう，実験の改善を試みる必要がある．

　上記の点が実験の内的妥当性を高める努力であるとすれば，インターネット調査実験については，外的妥当性を高める努力も必要であろう．たとえば，メディア報道におけるフレーミングの研究として広く知られているアイエンガー（Iyengar, 1991）の研究においては，実際のニュースとして放映された映像を実験操作に合わせて再構成したものを刺激として用いている．また，対象者は夫婦，友だち，同僚といったペアで集められ，コーヒーを出され雑誌を自由に読むことができるなど，できるだけ実験であることを意識させずに，現実のニュースに近い形でフレームを提示するよう配慮している[2]．こういった研究と比較すると，本書における実験は外的妥当性に欠けると言わざるをえない．内的妥当性に加えて外的妥当性の点からも，実験手続を改善していくことが重要だといえよう．

9-3　現実の政治へのインプリケーション

　これまで一般有権者が政治を捉えるフレームについて理論的・実証的な検討を行ってきたが，最後に本書における研究が現実の政治に対してどのような示

2）一方でアイエンガー（Iyengar, 1991）は，自身の研究はこういった配慮のために，社会心理学における一般的な実験室実験と比べて外的妥当性には優れているものの，内的妥当性においては劣る可能性について指摘している．

唆を持ちうるのかという観点から考察を行う．

　第一点目は，個人の生活と政治を関連づけるフレームに基づく政治的コミュニケーションの効果についてである．第8章におけるインターネット調査実験は，実験手続において改善の余地があり検出された効果も決して大きくないとはいえ，フレームという概念を用いて介入を行うことで，有権者に影響を与える可能性を示している．報道などの政治的コミュニケーションにおいて個人の生活と政治を関連づけるフレームを提示することで，政治知識を持たない有権者の政治関心を高めることができることが示唆された．なお，政治知識を持たない有権者を引きつける報道としては娯楽化されたソフトニュースの存在があり[3]，そのセンセーショナルな報道スタイルに対しては批判も存在しているが，本書が明らかにした私的生活空間と政治を関連づけるフレームは，娯楽化された報道とは異なるものである．私的生活空間と政治を関連づけることは，刺激的な内容で視聴者の注目を集めることや，政治を面白おかしく扱うといったことと結びつくものではない．むしろ，ラッシュ（Lasch, 1995）が述べている通り，イデオロギーが内輪向けで紋切型の論争の道具となってしまっているとすれば，抽象的概念をもとに政治を捉えるフレームを用いた報道が，有権者の政治的シニシズムを招く戦略型フレーム（Cappella and Jamieson, 1997）としてメディア批判の対象にあてはまることすらありうる．

　ただし，このような形で政治知識を持たない有権者が関心を獲得することが民主主義にとって必ずしもポジティブだと結論づけられているわけではないということを述べておかなければならない．政治学においては，民主主義の正統性の観点からより多くの有権者が政治に参加することを是とする主張と，知識や能力を持たないままに有権者が政治に参加することで，世論による政治の誤導や世論の激変による政治の不安定化が生じるといった相反する主張が存在しており，どちらが正しいのかという結論は下されていない．本書は前者の立場に立つものであるが，後者の立場からの批判は当然存在しうるものである．第7章までの日常生活における経験から有権者がフレームを獲得するという現象とは異なり，第8章の実験においてはメディアなどが提示したコミュニケーシ

---

[3] 娯楽化されたソフトニュースが民主主義社会にもたらす効果については，小林・稲増（2011）によるレビューを参照．

ョンフレームによって有権者が影響される現象を扱っており，これは民主主義の正統性を脅かすメディアによる世論操作へとつながる危険性を秘めている．そのため，メディアがどのようなフレームに基づいて報道を行うべきかという点については，慎重に実証研究における知見を積み重ねていく必要があるといえよう．

　また，私的生活空間と政治を関連づけるフレームに基づく報道を考える上では，前述の アイエンガー（Iyengar, 1991）による研究に留意する必要がある．彼によれば，社会問題について特定の個人や個人が体験した出来事をもとに描くエピソード型フレームによる報道は，貧困などの社会問題の原因を個人に帰属してしまうというのである（Iyengar, 1991）．つまり，政治が自分自身の私的生活空間ではなく，自分とは関係のない誰かの私的生活空間と関係を持つと捉えられれば，アイエンガー（Iyengar, 1991）が示したのと同様の問題が生じる可能性がある．この点は本書の知見を現実の報道に応用する際には看過することのできない点である．

　第二点目は，自身の私的生活空間と政治を関連づけるフレームと対置される抽象的概念をもとに政治を捉えるフレームについてである．本書は，抽象的概念をもとに政治を捉えることのみを有権者の政治に関わる能力の高さとすることに対しては異議を唱えてきたが，抽象的概念をもとに政治を捉えることを目標とすること自体は，現代社会においてどのような意味を持つのであろうか．

　抽象的概念によって政治を捉えるフレームを獲得することで政治への理解が増し，結果として私的生活空間と政治を関連づけるフレームを獲得するといった関係が想定できるとすれば，抽象的概念によって政治を捉えることを促すような政治的コミュニケーションは有効である．この場合には，本書の内容を踏まえた上でも，民主主義社会において有権者が抽象的概念によって政治を捉えることを目標とすることは妥当であるといえる．表6-2 に示したように，第6章の面接において「抽象的概念」フレームを用いた対象者が4名とも「居住地域」「仕事経験」といった自らの私的生活空間と政治を関連づけるフレームを同時に用いていたということは，上記のような関係性が実在しうることを示唆している．ただし，これらの4名の対象者が全員50代以上の男性であったということを考えると，今後も日本社会においてこのようなルートが維持され続

けていくかどうかという点について楽観視はできない.

　私的生活空間と政治を関連づけるフレームを持たない有権者と関連する,近年の日本の若年層についての問題としては,小熊・上野（2003）による「草の根保守運動」を対象とした研究が示唆的である.彼らによれば,「新しい歴史教科書をつくる会」あるいはその支部団体である「史の会」の若い参加者たちは,家族や農村を重視する従来の保守主義者とは異なり,それらの中間集団の存在を考慮せずに「個人」と「国家」を対置した上で「国家」の重要性を語っている.また,彼らはあえて自らの私的生活空間と切り離した上で政治について語るというよりは,もともと中間集団を心理的な基盤とはしておらず,自らの寄る辺なさに対する癒しとして,「普通の市民」であることを確認するために同じ言葉で語れる他者との緩やかな交流を求めていた.しかし,「新しい歴史教科書」の採択率が低かったことによって,自らは「普通」ではないかもしれないという不安を突きつけられた結果,彼らは新たに異質なものを探し出し排除することへとつながっていった.このように,自らの私的生活空間に依拠せず,抽象的概念によってのみ政治を捉えることは,それが「保守」であれ「革新」であれ「民主主義」であれ,非常に脆く危ういものである.

　さらには,本書の第7-5節においてフレームと個別の政治参加項目の相関比を求めた際に,「抽象的概念」フレームが個人での政治参加と結びつく一方で,「居住地域」フレームが集団での政治参加と結びついたという結果は,小熊・上野（2003）が示した若年層の例に限らず,抽象的概念によって政治を捉えることは中間集団を生活の基盤としていない有権者において見られることを示唆する結果だといえる.

　さらには,現代の日本の若年層という限定を外して考えれば,中間集団を生活の基盤とせず,抽象的概念をもとに政治を捉えるフレームのみを獲得した場合に生じる問題をめぐっては,コーンハウザー（Kornhauser, 1959）による大衆社会論において行われた指摘が想起される.彼は,近代社会が持ちうる2つの特徴から,人々がさまざまな中間集団との結びつきを保持する多元的社会と,孤立した個人によって形成される大衆社会の区別を提唱した.その上で,多元的社会においては,利害・価値観の異なる諸集団を通じて人々が政治に参加することで,権力の集中および過激な政治運動が抑制されるのに対して,大衆社

会においては,人々が国家といった抽象的な存在との直接的なつながりを求めるため,全体主義的リーダーの台頭を招き,自由主義的民主主義の諸制度を破壊する政治運動が生じやすいとしている.

政治的洗練性が政治に対するコミットメントと関連することを示した先行研究の存在や (Luskin, 1990),第7章における分析の中で「抽象的」概念フレームが政治関心や政治参加と正の関連を持っていたことを考えても,抽象的概念をもとに政治を捉えること自体は決して民主主義においてネガティブなことではない.しかしながら,現代において私的生活空間を構成する中間集団が衰退しているとすれば[4],有権者に対して抽象的概念をもとに政治を捉えることを促すことに対しては留保が必要であろう.ましてや,私的生活空間と政治を切り分けることをあえて求めることは,私的生活と公共空間の境界が曖昧になる現代においてそれが難しいというだけでなく,仮に実現したとしても,ハーバマス (Habermas, 1990) が理想とした公共圏とはまったく異なるものを生み出す可能性が高い.

それでは逆に,有権者の多くが私的生活空間との関連から政治を捉えるフレームのみを保持しており,抽象的概念をもとに政治を捉えるフレームが存在しない場合にはどのようなデメリットが考えられるのであろうか.本書では政治を抽象的概念によって捉えること「のみ」を高く評価すること,および政治を私的生活空間との関連において捉えるフレームをネガティブに評価することに対して批判的な検討を行ってきたが,これは政治を抽象的概念によって捉えることを否定する,あるいは私的生活空間との関連において政治を捉えること「のみ」を高く評価すべきという主張を行うものではない.有権者が抽象的概念をもとに政治を捉えるフレームを持たないことのデメリットについても述べておく必要があるといえよう.

社会心理学における先行研究 (池田, 1997 ; Lavine et al., 1997) や本書の第6章における質的面接調査の結果が示していたように,個別の争点を統合するフレームは必ずしも抽象的概念に基づいたものでなくとも構わない.しかしながら,私的生活空間と政治を関連づけるフレームによって理解,統合することが

---

[4] このような事態を示す研究の代表例としては,パットナム (Putnam, 1995, 2000) による社会関係資本の衰退についての研究を挙げることができる.

可能であるのは主に直接経験争点であり，日常生活における経験から情報を入手し難い間接経験争点については，このようなフレームから理解することは困難である．その結果として，間接経験争点が選挙における主要な争点とはなり難いという現実がある一方で，仮に間接経験争点をめぐって選挙戦が行われるような事態に直面した際には，有権者がフレームを持たないままに政治情報に接触し，それをもととした選択を迫られることとなる．有権者が政治情報を処理するフレームを持たずにメディアによる報道や政治家の演説に接するという状況においては，政治的エリートにとって有権者を操作することはたやすいことであり，これは民主主義の正統性を脅かす問題だといえる．あるいは，対象となる争点についてのフレームを持たない有権者を，情報を理解するための前提となる知識を持たない有権者だと考えれば，彼らは政治的エリートによる言説やメディアの影響を受けないという可能性も考えられる[5]．しかし，民主主義社会においては，有権者がエリートやメディアによって影響されないこと自体ではなく，有権者が争点について自ら考えて判断を行うことが求められる以上，この状態も望ましいとはいえない．

したがって，有権者が自らの私的生活空間と政治を関連づけるフレームを獲得することで政治に関心を持ち，政治に対する関与を強めることでやがて抽象的概念によって政治を捉えるフレームを獲得するというルートが存在するかどうかという点は，本書において考えておかなければならない点だといえる．

前述の表6-2は，女性や40代以下の男性においては私的生活空間と政治を関連づけるフレームの獲得が抽象的概念によって政治を捉えるフレームの獲得へとつながっていなかったということを示しているとも解釈できるため，このルートの存在についてもやはり楽観視はできない．しかし，私的生活空間における関心や活動が，それらの領域にのみ閉じ籠ることを招くのではなく，より公的な活動への関心を持つこと，政治との関わりを強めることのきっかけとなるケースは第6章の面接において多く見受けられた．たとえば，Qさんは道路の拡張，Sさんはゴミの回収といった自身が住む地域の問題，Cさんは福祉，Hさんは航空，Oさんは建設といった自身の仕事をきっかけとして公共的な視

---

[5] ザラー（Zaller, 1992）による研究は，このことを示唆する．

点を持つに至っていることは，すでに述べた通りである．また，このような現象自体は決して真新しいものというわけではない．予防接種のワクチン禍によって子どもを亡くした著者の私憤をきっかけとした活動が，公共的な視点を持った活動へとつながっていく過程を描いた『私憤から公憤へ』という著作（吉原，1975）などに描かれている通り，古くから知られているものである．

このような事例が多く見られるにもかかわらず，私的生活空間と政治を関連づけるフレームが，抽象的概念から政治を捉えるフレームの獲得へとつながらない最大の理由としては，第6-2節において見られた抽象的概念，ことに保革イデオロギーに対する抵抗の存在が挙げられるであろう．政治との接点が増えれば増えるほど，政治的エリートが用いる抽象的概念に接する機会は増える．しかし，抽象的概念に対する抵抗が存在することによって，それ以上政治に対する関与が強まること，政治的エリートと同様のフレームを獲得することが妨げられると考えられる．

それではどうすればよいのだろうか．政治的エリートが抽象的概念に基づく政治的コミュニケーションを止めるという選択肢が好ましいとはいえないのはもちろんである．しかし，抵抗が存在する状況において，いたずらに有権者に抽象的概念から政治を捉えるフレームの重要性を強調することは，かえって政治的エリートと一般有権者の乖離を広げ，政治的疎外を助長する結果につながりかねない．したがって，抵抗が存在するということを前提とした上で，その抵抗を取り除くような形での政治コミュニケーションが求められるといえよう．Cさんのように保守・革新といった概念自体に対しては抵抗を示すものの，実際にはこの概念を理解し身に着けることができている有権者の存在を考えても，能力や動機づけの問題ではなく，抽象的概念に対する抵抗のみによってフレームの獲得が妨げられている有権者は決して少なくないと考えられる．その意味でも，本書は抽象的概念をもとに政治を捉えるフレームを獲得すること自体は，民主主義社会において重要なことであるとする一方で，抽象的概念をもとに政治を捉えるフレーム「のみ」を評価するという視点については異議を唱えるのである．

本節の内容は，社会心理学の実証研究としての範囲を逸脱するものであるかもしれないが，本書が政治という現実の問題を直接扱った研究であることから，

ここに述べておく．私的生活空間と政治を関連づけるフレームの存在と価値を示した本書の知見が，より良い民主主義社会を築くことに少しでも役立つことがあれば幸いである．

引 用 文 献

Achen, C. H. (1975). Mass political attitudes and the survey response. *American political science review*, 69, 1218-1231.

相田真彦 (2008). ウェイトの利用　石黒格 (編) STATAによる社会調査データの分析：入門から応用まで　北大路書房, pp. 133-149.

Balch, G. I. (1974). Multiple indicators in survey research: The concept 'sense of political efficacy'. *Political Methodology*, 1, 1-43.

Baum, M. A. (2003). *Soft news goes to war: Public opinion and American foreign policy in the new media age*. Princeton, NJ: Princeton University Press.

Baum, M. A. & Jamison, A. S. (2006). The Oprah effect: How soft news helps inattentive citizens vote consistently. *Journal of politics*, 68, 946-959.

Beck, P. A., Dalton, R. J., Greene, S., & Huckfeldt, R. (2002). The social calculus of voting: Interpersonal, media, and organizational influences on Presidential choices. *American Political Science Review*, 96, 57-73.

Bennett, S. E. (1973). Consistency among the public's social welfare policy attitudes in the 1960s. *American Journal of Political Science*, 17, 544-570.

Berinsky, A. J. & Kinder, D. R. (2006). Making sense of issues through media frames: Understanding the Kosovo Crisis. *Journal of Politics,* 68, 640-656.

Bishop, G. F., Oldendick, R. W., & Tuchfarber, A. J. (1978). Effects of question wording and format on political attitude consistency. *Public Opinion Quarterly*, 42, 81-92.

Campbell, A., Converse, P. E., Miller, W., & Stokes, D. (1960). *The American Voter*. New York: John Wiley & Sons.

Cappella, J. N. & Jamieson, K. H. (1997). *Spiral of cynicism: The press and the public good*. New York: Oxford University Press. (平林紀子・山田一成 (監訳) (2005). 政治報道とシニシズム：戦略型フレーミングの影響過程　ミネルヴァ書房).

Chang, L. & Krosnick, J. A. (2009). National surveys via RDD telephone Interviewing versus the internet: Comparing sample representativeness and response quality. *Public Opinion Quarterly*, 73, 641-678.

Chen, X. (2011). *Issue obtrusiveness in the agenda-setting process of national network television news*. Ann Arbor, MI: Proquest.

Chong, D. (1993). How people think, reason, and feel about rights and liberties. *American Journal of Political Science*, 37, 867-899.

Chong, D. (1996). Creating common frames of reference on political issues. In D. C. Mutz, P. M. Sniderman, & R. A. Brody (Eds.) *Political persuasion and*

attitude change. Ann Arbor, MI: University of Michigan Press, pp. 195-224.
Chong, D. & Druckman, J. N. (2007). Framing Theory. *Annual Review of Political Science*, 10, 103-126.
Conover, P. J. & Feldman, S. (1984). How people organize the political world: A schematic model. *American Journal of Political Science*, 28, 95-126.
Converse, P. E. (1964). The nature of belief systems in mass public. In D. E. Apter (Ed.) *Ideology and Discontent*. New York: Free Press, pp. 206-261.
Converse, P. E. & Markus, G. B. (1979). Plus ca change … : The new CPS election study panel. *American Political Science Review*, 73, 32-49.
Creswell, J. W. & Plano Clark, V. L. (2007). *Designing and conducting mixed methods research*. Los Angeles, CA: Sage Publication. (大谷順子（訳）(2010). 人間科学のための混合研究法：質的・量的アプローチをつなぐ研究デザイン 北大路書房).
Dahl, R. A. (1961). *Who governs? Democracy and power in an American City*. New Haven, CT: Yale University Press.
Dalton, R. (1988). *Citizen politics in Western democracies: Public opinion and political parties in the United States, Great Britain, West Germany, and France*. Chatham, NJ: Chatham House.
Delli Carpini, M. X. & Keeter, S. (1996). *What Americans know about politics and why it matters*. New Haven, CT: Yale University Press.
Demers, D. P. (1989). Issue obtrusiveness and the agenda-setting effects of national network news. *Communication Research*, 16, 793-812.
Dionne, E. J. Jr. (2004). *Why American hate politics*. New York: Simon & Schuster.
Downs, A. (1957). *An economic theory of democracy*. New York: Harper & Row. (古田精司（監訳）(1980). 民主主義の経済理論 成文堂).
Druckman, J. N. (2001). The implications of framing effects for citizens competence. *Political Behavior*, 23, 225-256.
Druckman, J. N. & Nelson, K. R. (2003). Framing and deliberation: How citizens' conversations limit elite influence. *American Journal of Political Science*, 47, 729-745.
Eagly, A. H. & Chaiken, S. (1998). Attitude structure and function. In D. T. Gilbert, S. T. Fiske, & G. Lindzey (Eds.) *The Handbook of Social Psychology* (4th edition), Boston, MA: The McGraw-Hill, vol. 1, pp. 269-322.
Edy, J. A. & Meirick, P. C. (2007). Wanted, dead or alive: Media frames, frame adoption, and support for the war in Afghanistan. *Journal of Communication*, 57, 119-141.
Entman, R. M. (2004). *Projections of power: Framing news, public opinion and U. S. foreign policy*. Chicago, IL: University of Chicago Press.
Erbring, L., Goldenberg, E. N., & Miller, A. H. (1980). Front-page news and real-

world cues: A new look at agenda-setting by the media. *American Journal of Political Science*, 24, 1, 16-49.

Erickson, B. H. (2004). A report on measuring the social capital in weak ties. A report prepared for the policy research initiative, Ottawa, Canada, March 31.

Erikson, R. S. (1979). The SRC panel data and mass political attitudes. *British Journal of Political Science*, 9, 89-114.

Fiorina, M. P. (1981). *Retrospective voting in American national elections*. New Haven, CT: Yale University Press.

Fiorina, M. P. (1990). Information and rationality in election. In J. A. Ferejohn & J. H. Kuklinski (Eds.) *Information and democratic processes*. Chicago: University of Illinois Press.

Fiske, S. T. (1986). Schema-based versus piecemeal politics: A patch work quilt, but not a blanket, of evidence. In R. R. Lau & D. Sears (Eds.) *Political cognition: The 19th annual Carnegie symposium on cognition*. Hillside, NJ: Erlbaum, pp. 41-53.

Friedman, J. (2006). Democratic competence in normative and positive theory: Neglected implications of "The nature of belief systems in mass publics". *Critical Review*, 18, i-xliii.

Gamson, W. A. (1992). *Talking politics*. New York: Cambridge University Press.

Gamson, W. A. & Modidliani, A. (1987). The changing culture of affirmative action. In R. D. Braungart (Ed.) *Research in political sociology*. Greenwich, CT: JAI Press, 3, pp. 137-177.

Garrett, R. K. (2009). Politically motivated reinforcement seeking: Reframing the selective exposure debate. *Journal of Communication*, 59, 676-699.

Gerber, D., Nicolet, S., & Sciarini, P. (2014). Voters are not fools, or are they? Party profile, individual sophistication and party choice. *European Political Science Review*, FirstView, 1-21. doi: 10.1017/S1755773914000113

Glaser, B. G. & Strauss, A. L. (1967). *The discovery of grounded theory: Strategies for qualitative research*. Chicago, IL: Aldine. (後藤隆・大出春江・水野節夫 (訳) (1996). データ対話型理論の発見：調査からいかに理論をうみだすか　新曜社).

Goffman, E. (1974). *Frame analysis: An essay on the organization of experience*. Princeton, NJ: Princeton University Press.

Gomez, B. T. & Wilson, J. M. (2001). Political sophistication and economic voting in the American electorate: A theory of heterogeneous attribution. *American Journal of Political Science*, 45, 899-914.

Gomez, B. T. & Wilson, J. M. (2006). Cognitive heterogeneity and economic voting: A comparative analysis of four democratic electorates. *American Journal of Political Science*, 50, 127-145.

Goren, P. (2004). Political sophistication and policy reasoning: A reconsideration.

American Journal of Political Science, 48, 462-478.

Graber, D. A. (1988). *Processing the news: How people tame the information tide.* New York: Longman.

Graber, D. A. (2006). Government by the people, for the people – Twenty-first century style. *Critical Review*, 18, 167-178.

Graham, J., Haidt, J., & Nosek, B. A. (2009). Liberals and Conservatives rely on different sets of moral foundations. *Journal of Personality and Social Psychology*, 96, 1029-1046.

Granovetter, M. S. (1973). The strength of weak ties. *American Journal of Sociology*. 78, 6, 1360-1380.

Habermas, J. (1990). *Strukturwandel der Öffentlichkeit: Untersuchungen zu einer Kategorie der bürgerlichen Gesellschaft*, Frankfurt, a. M., Suhrkamp （細谷貞雄・山田正行（訳）（1994）. 公共性の構造転換：市民社会の一カテゴリーについての探究 第2版, 未來社）.

原田唯司（1985）. 政治的態度の構造と政治的関心, 政治的知識の関係について：大学生の場合 教育心理学研究, 33, 327-335.

Hearst, M. A. (1999). Untangling text data mining. *Proceedings of the 37th annual meeting of the Association for Computational Linguistics*, 3-10.

Henry, P. J. (2008). College sophomores in the laboratory redux: Influences of a narrow data base on social psychology's view of the nature of prejudice. *Psychological Inquiry*, 19, 49-71.

Hetrog, J. M. & Mcleod, D. M. (2001). A multi perspective approach to framing analysis: A field guide. In S. D. Reese, O. H. Gandy, Jr., & A. E. Grant (Eds.) *Framing public life: Perspectives on media and our understanding of the social world.* Mahwah, NJ: LEA. pp. 139-161.

平野浩（2005）. 日本における政策争点に関する有権者意識とその変容 小林良彰（編）日本における有権者意識の動態 慶應義塾大学出版会, pp. 61-80.

平野浩（2007）. 変容する日本の社会と投票行動 木鐸社.

Huckfeldt, R. & Sprague, J. (1995). *Citizens, politics, and social communication: Information and influence in an election campaign. (Cambridge studies in public opinion and Political Psychology).* New York: Cambridge University Press.

1円玉の怒り 消費税に商店抵抗（89首都決戦 街角から）（1989）. 朝日新聞6月25日朝刊.

池田謙一（1991）. 投票行動のスキーマ理論 選挙研究, 6, 137-159.

池田謙一（1994）. 政党スキーマと政権交代 レヴァイアサン, 15, 73-103.

池田謙一（1997）. 転変する政治のリアリティ：投票行動の認知社会心理学 木鐸社.

池田謙一（2007a）. リアリティのダイナミックス：2005年に至る投票行動の基本分析 池田謙一（編）政治のリアリティと社会心理：平成小泉政治のダイナミッ

クス　木鐸社，pp. 33-63.
池田謙一（2007b）．私生活志向のゆくえ：狭められる政治のアリーナ　池田謙一（編）政治のリアリティと社会心理：平成小泉政治のダイナミックス　木鐸社，pp. 201-228.
池田謙一・小林哲郎（2007）．ネットワーク多様性と政治参加・政治的寛容性　池田謙一（編）政治のリアリティと社会心理：平成小泉政治のダイナミックス　木鐸社，pp. 167-199.
Ikeda, K., Liu, J., Aida, M., & Wilson, M.（2005）. Dynamics of interpersonal political environment and party identification: Longitudinal studies of voting in Japan and New Zealand. *Political Psychology*, 26, 517-542.
池田謙一・西澤由隆（1992）．政治的アクターとしての政党：89年参議院選挙の分析を通じて　レヴァイアサン，10, 62-81.
Ikeda, K. & Richey, S. E.（2005）. Japanese network capital: The impact of social networks on Japanese political participation. *Political Behavior*, 27, 239-260.
池田真季・稲増一憲（2009）．24の政治的語り　その2：政治的会話が政治参加に与える影響　日本社会心理学会第50回大会発表論文集，254-255.
今田高俊（2000）．ポストモダン時代の社会階層　今田高俊（編）社会階層のポストモダン（日本の階層システム5），東京大学出版会，pp. 3-53.
今井亮佑（2008）．政治的知識の構造　早稲田政治経済学雑誌，370, 39-52.
稲葉哲郎（1998）．政治的知識の測定　立命館産業社会論集，97, 1-15.
稲増一憲（2007）．テキストデータ分析で捉える小泉政治のインパクト　東京大学人文社会系研究科修士学位論文（未公刊）．
稲増一憲（2009）．有権者とメディアの関係性から捉える政策争点の違い　日本選挙学会2009年度研究会　同志社大学　2009年5月．
稲増一憲（2011）．世論とマスメディア　平野浩・河野勝（編）新版アクセス日本政治論　日本経済評論社，pp. 117-142.
稲増一憲・池田謙一（2007a）．政党スキーマ・小泉内閣スキーマから見る小泉政権　池田謙一（編）政治のリアリティと社会心理：平成小泉政治のダイナミックス　木鐸社，pp. 107-128.
稲増一憲・池田謙一（2007b）．JES Ⅲ自由回答（2001-2005年）を用いた小泉政治の検証：小泉政治は有権者の関心を高め政治への理解を深めることに貢献したのか　選挙学会紀要，9, 5-23.
Inamasu, K. & Ikeda, K.（2008）. The effect of gendered social capital on political participation: Using the Position Generator method on the JES Ⅲ Dataset. *Paper prepared for a conference on social capital*, Taipei.
稲増一憲・池田謙一（2009）．多様化するテレビ報道と，有権者の選挙への関心および政治への関与との関連：選挙報道の内容分析と大規模社会調査の融合を通して　社会心理学研究，25, 42-52.
稲増一憲・池田謙一（2010）．バイコットと社会参加の社会心理学的研究　JGSS研

究論文集, 10, 73-85.
稲増一憲・池田謙一・小林哲郎（2008）．テキストデータから捉える 2007 年参院選 選挙研究, 24, 40-47.
稲増一憲・池田真季（2009）．24 の政治的語り　その 1：一般有権者が見た日本政治　日本社会心理学会第 50 回大会発表論文集, 252-253.
稲増一憲・志村誠・大髙瑞郁・池田謙一（2008）．水平的ネットワーク多様性が若年層の社会参加にもたらす効果の検討　日本社会心理学会第 49 回大会発表論文集, 102-103.
Iyengar, S. (1991). *Is anyone responsible*? Chicago, IL: University of Chicago Press.
Iyengar, S. & Hahn, K. S. (2009). Red media, blue media: Evidence of ideological selectivity in media use. *Journal of Communication*, 59, 19-39.
Jost, J. T. & Amodio, D. (2012). Political ideology as motivated social cognition: Behavioral and neuroscientific evidence. *Motivation and Emotion*, 36, 55-64.
Jost, J. T., Federico, C. M., & Napier, J. L. (2009). Political ideology: Its structure, functions, and elective affinities. *Annual Review of Psychology*, 60, 307-337.
Jost, J. T., Glaser, J., Kruglanski, A. W., & Sulloway, F. J. (2003). Political conservatism as motivated social cognition. *Psychological Bulletin*, 129, 339-375.
Jost, J. T., Napier, J. L., Thorisdottir, H., Gosling, S. D., Palfai, T. P., & Ostafin, B. (2007). Are needs to manage uncertainty and threatassociated with political conservatism or ideological extremity? *Personality and Social Psychology Bulletin*, 33, 989-1007.
蒲島郁夫（1988）．政治参加　東京大学出版会．
蒲島郁夫（1998）．政権交代と有権者の態度変容　木鐸社．
蒲島郁夫・竹中佳彦（1996）．現代日本人のイデオロギー　東京大学出版会．
Kahneman, D. & Tversky, A. (1979). Prospect theory: An analysis of decision under risk. *Econometrica*, 47, 263-292.
海保博之（2005）．認知心理学（朝倉心理学講座 2）朝倉書店．
Kellstedt P. M. (2003). *The mass media and the dynamics of American racial attitudes*. New York: Cambridge University Press.
Kim, S., Scheufele, D. A., & Shanahan, J. (2005). Who cares about the issue?: Issue voting and the role of news media during the 2000 U. S. Presidential Election. *Journal of Communication*, 55, 103-121.
Kim, Y. M. & Vishak, J. (2008). Just laugh! You don't need to remember: The effects of entertainment media on political information acquisition and information processing in political judgment. *Journal of Communication*, 58, 338-360.
木村純（2000）．対人ネットワークの「副産物」としての政治　飽戸弘（編）ソーシ

ャル・ネットワークと投票行動　木鐸社.
Kinder, D. R. (1998). Opinion and action in the realm of politics. In Daniel T. Gilbert, Susan T. Fiske, & Gardner Lindzey (Eds.) *The Handbook of Social Psychology* (4th edition), vol. 2, Boston, MA: The McGraw-Hill, pp. 778-867.
Kinder, D. R. (2007). Curmudgeonly advice. *Journal of Communication*, 57, 155-162.
Kinder, D. R. & Kiewiet, D. R. (1981). Sociotropic politics: The American case. *British Journal of Political Science*, 11, 129-161.
Kinder, D. R. & Sander, L. M. (1996). *Divided by color: Racial politics and democratic ideals (American Politics and Political Economy Series)*. Chicago, IL: University of Chicago Press.
King, G., Keohane, R. O., & Verba, S. (1994). *Designing social inquiry: Scientific inference in qualitative research. Princeton*, NJ: Princeton University Press. (真淵勝（監訳）(2004). 社会科学のリサーチ・デザイン：定性的研究における科学的推論　勁草書房).
Kobayashi, T. & Ikeda, K. (2009). Selective exposure in political web browsing. *Information, Communication and Society*, 12, 929-953.
小林哲郎・稲増一憲（2011）. ネット時代の政治コミュニケーション：メディア効果論の動向と展望　選挙研究, 27, 85-100.
Kobayashi, T. & Inamasu, K. (forthcoming). The Knowledge Leveling Effect of Portal Sites. Communication Research. Online First. doi: 10.1177/0093650214534965
Kobayashi, T. & Kim, S. (2010). News exposure and political knowledge in East Asia: Are the findings in the US replicable here? Paper presented at Transnational Connections: Challenges and Opportunities for Political Communication, Segovia.
Kornhauser, W. (1959). *The politics of mass society*. New York: Free Press. (辻村明（訳）(1961). 大衆社会の理論　東京創元社).
河野武司 (1997). 現代日本における市民の政治的情報保有の実態と投票行動　杏林社会科学研究, 13, 134-150.
Krosnick, J. A., Visser, P. S., & Harder, J. (2009). The Psychological underpinnings of political behavior. In Fiske, Susan, T., Gilbert, Daniel, T., & Lindzey, Gardner (Eds.) *The Handbook of Social Psychology* (5th edition), vol. 2, New York: Wiley, pp. 1288-1342.
La Due Lake, R. & Huckfeldt, R. (1998). Social capital, social networks, and political participation. *Political Psychology*, 19, 567-584.
Lane, R. E. (1962). *Political ideology: Why the American common man believes what he does*. New York: Free Press.
Lasch, C. (1995). *The revolt of the elites: And the betrayal of democracy*. New

York: W.W. Norton(森下伸也(訳)(1997)エリートの反逆:現代民主主義の病 新曜社).
Lau, R. R., Andersen, D. J., & Redlawsk, D. P. (2008). An exploration of correct voting in recent U. S. presidential elections. *American Journal of Political Science*, 52, 395-411.
Lau, R. R. & Redlawsk, D. P. (1997). Voting correctly. *American Political Science Review*, 91, 585-599.
Lau, R. R. & Redlawsk, D. P. (2001). Advantages and disadvantages of cognitive heuristics in political decision making. *American Journal of Political Science*, 45, 951-971.
Lau, R. R. & Redlawsk, D. P. (2006). *How voters decide: Information processing during election campaigns*. New York: Cambridge University Press.
Lau, R. R. & Sears, D. O. (1986). Social cognition & political cognition: The past, the present, and the future. In R. R. Lau & D. O. Sears (Eds.) *Political cognition*. Hillsdale, NJ: Lawrence Earbaum, pp. 347-366.
Lavine, H., Thomsen, C. J., & Gonzales, M. H. (1997). The development of interattitudinal consistency: The shared-consequences model. *Journal of Personality and Social Psychology*. 72, 735-749.
Lee, G. (2004). Reconciling 'cognitive priming' vs 'obtrusive contingency' hypotheses: An analytical model of media agenda-setting effects. *Gazette: International Journal for Communication Studies*, 66, 151-166.
Levin, I. P., Schneider, S. L., & Gaeth, G. J. (1998). All frames are not created equal: A typology and critical analysis of framing effects. *Organizational Behavior and Human Decision Processes*, 76, 149-188.
Levy, P. S. & Lemeshow, S. (1999). *Sampling of populations: Methods and applications* (3rd edition). New York: Wiley.
Lin, N., Fu, Y., & Hsung, R. (2001). The position generator: measurement techniques for investigations of social capital. In Nan Lin, Karen Cook, & Ronald S. Burt (Eds.) *Social Capital: Theory and Research*. New York: Aldine de Gruyter, pp. 57-81.
Lippmann, W. (1922). *Public opinion*. New York: Free Press. (掛川トミ子(訳)(1987).世論(上・下) 岩波書店).
Lippmann, W. (1925). *The phantom public*. New York: Harcourt, Brace and Company. (河崎吉紀(訳)(2007).幻の公衆 柏書房).
Lodge, M. & Hamill, R. (1986). A partisan schema for political information processing. *American Political Science Review*, 80, 505-520.
Lodge, M., McGraw, K. M., & Stroh, P. (1989). An impression-driven model of candidate evaluation. *American Political Science Review*, 83, 399-419.
Lupia, A. (2006). How elitism undermines the study of voter competence. *Critical*

Review, 18, 217-232.
Lupia, A. & McCubbins, M. D. (1998). *The democratic dilemma: Can citizens learn what they need to know?* Cambridge, UK: Cambridge University Press.
Luskin, R. C. (1987). Measuring political sophistication. *American Journal of Political Science*, 31, 856-899.
Luskin, R. C. (1990). Explaining political sophistication. *Political Behavior*, 12, 331-361.
McCombs, M. E. & Shaw, D. L. (1972). The agenda-setting function of mass media. *Public Opinion Quarterly*, 36, 176-187.
McGraw, K. M., Lodge, M., & Stroh, P. (1990). On-line processing in candidate evaluation: The effects of issue order, issue importance, and sophistication. *Political Behavior*, 12, 41-58.
McLeod, J. M., Becker, L. B., & Byrnes, J. E. (1974). Another look at the agenda-setting function of the press. *Communication Research*, 1, 131-166.
Miller, A. H. & Miller, W. E. (1976). Ideology in the 1972 election: Myth or reality. *American Political Science Review*, 70, 832-849.
Minsky, M. (1975). A framework for representing knowledge. In P. H. Winston (Ed.) *The psychology of computer vision*. New York: McGraw-Hill, pp. 211-277.（知識を表現するための枠組　白井良明・杉原厚吉（訳）(1979) コンピュータービジョンの心理　産業図書, pp. 237-330).
三宅一郎・木下富雄・間場寿一 (1967). 政治的認知の諸次元　三宅一郎・木下富雄・間場寿一（編）異なるレベルの選挙における投票行動の研究　創文社, pp. 744-776.
森川友義・遠藤晶久 (2005). 有権者の政治知識に関する実証分析：その分布と形成に関する一考察　選挙学会紀要, 5, 61-77.
Mutz, D. C. (2006). *Hearing the other side: Deliberative versus participatory democracy*. Cambridge, New York: Cambridge University Press.
Mutz, D. C. (2011). *Population-based survey experiments*. Princeton, NJ: Princeton University Press.
長田裕一 (2007). 年金を「政争の具」にするな　潮, 582, 98-101.
内閣支持率微増34％　選挙区投票, 民主に24％／読売新聞社継続世論調査 (2007). 読売新聞6月29日朝刊.
中西輝政 (2007). 「年金」を政争の具にする愚かさ　正論, 425, 76-85.
Nelson, T. E., Clawson, R. A., & Oxley, Z. M. (1997). Media framing of a civil liberties conflict and its effect on tolerance. *American Political Science Review*, 91, 567-583.
Nelson, T. E. & Willey, E. (2001). Issue frames that strike a value balance: A political psychology perspective. In S. D. Reese, O. H. Gandy, Jr., & A. E. Grant (Eds.) *Framing public life*. Mahwah, NJ: Lawrence Erlbaum Associates, pp.

245-266.

Neuman, W. R., Just M. R., & Crigler, A. N. (1992). *Common knowledge: News and the Construction of Political Meaning*. Chicago, IL: University of Chicago Press.（川端美樹・山田一成（監訳）(2008). ニュースはどのように理解されるか：メディアフレームと政治的意味の構築　慶應義塾大学出版会）

Nie, N. H. & Andersen, K. (1974). Mass belief systems revisited: Political change and attitude structure. *Journal of Politics*, 36, 540-591.

Nie, N. H., Miller, III. D. W., Golde, S., Butler, D. M., & Winneg, K. (2010). The World Wide Web and the U.S. political news market. *American Journal of Political Science*, 54, 428-439.

Nie, N. H., Verba, S., & Petrocik, J. R. (1979). *The changing American voter* (Enlarged ed.). Cambridge, MA: Harvard University Press.

Norris, P. (2000). *A virtuous circle: Political communications in postindustrial societies*. Cambridge, UK: Cambridge University Press.

小熊英二・上野陽子（2003). 癒しのナショナリズム：草の根保守運動の実証研究　慶應義塾大学出版会.

岡本弘基（2004). 政治の話はタブーなのか：インターネットユーザーに対する実証分析から　中央調査報, 577, 1-6.

奥村倫弘（2010). ヤフー・トピックスの作り方　光文社新書.

大村華子（2010). 戦後日本の政党のコミットメントと世論：世論と政党の政策をめぐる2つの問いの検証　選挙研究, 26, 104-119.

大村華子（2012). 日本のマクロ政体：現代日本における政治代表の動態分析　木鐸社.

Page, B. I. & Shapiro, R. Y. (1983). Effects of public opinion on policy. *American Political Science Review*, 77, 175-190.

Pan, Z. & Kosicki, G. M. (1993). Framing analysis: An approach to news discourse. *Political Communication*, 10, 55-75.

Pierce, J. C. & Rose, D. D. (1974). Nonattitudes and American public opinion: The examination of a thesis. *American political Science Review*, 68, 626-649.

Popkin, S. L. (1994). *The reasoning voter: Communication and persuasion in presidential campaigns* (2nd ed.). Chicago, IL: University of Chicago Press.

Prior, M. (2003). Any good news in soft news?: The impact of soft news preference on political knowledge. *Political Communication*, 20, 149-171.

Prior, M. (2005). News vs. entertainment: How increasing media choice widens gaps in political knowledge and turnout. *American Journal of Political Science*, 49, 577-592.

Prior, M. (2007). *Post-broadcast democracy: How media choice increases inequality in political involvement and polarizes elections*. Cambridge, UK: Cambridge University Press.

Prior, M. (2013). Media and politicd polarization. *Annual Review of Political Science*, 16, 101-127.
Putnam, R. D. (1995). Bowling alone: America's declining social capital. *Journal of Democracy*, 6, 65-77.
Putnam, R. D. (2000). *Bowling alone: The collapse and revival of American community*, New York: Simon & Schuster. (柴内康文 (訳) (2006). 孤独なボウリング：米国コミュニティの崩壊と再生　柏書房).
Reese, S. D. (2007). The Framing project: A bridging model for media research revisited. *Journal of Communication*, 57, 148-154.
Rhee, J. W. & Cappella, J. N. (1997). The role of political sophistication in learning from news: Measuring schema development. *Communication Research*, 24, 197-233.
Riley, M. W. & Riley, J. W., Jr. (1951). A sociological approach to communications research. *Public Opinion Quarterly*, 15, 445-460.
Rogers, T. B. Kuiper, N. A., & Kirker, W. S. (1977). Self-reference and the encoding of personal information. *Journal of Personality and Social Psychology*, 35, 677-688.
Rousseau, J. (1762). *Du contrat social* (桑原武夫・前川貞次郎 (訳) (1954). 社会契約論　岩波文庫).
Rubin, R. B., Perse, E. M., & Barbato, C. A. (1988). Conceptualization and measurement of interpersonal communication motives. *Human com munication research*, 14, 602-628.
境家史郎 (2008). 日本におけるソフトニュースの流通とその効果　日本政治研究, 5, 26-48.
Scheufele, D. A. (1999). Framing as a theory of media effect. *Journal of Communication*, 49, 103-122.
Scheufele, D. A. & Tewksbury, D. (2007). Framing agenda setting and priming: The evolution of three media effects models. *Journal of Communication*, 57, 9-20.
Schudson, M. (1998). *The good citizen: A history of American civic life.* New York; Free Press.
Schumpeter, J. A. (1942). *Capitalism, socialism, and democracy.* London: George Allen and Unwin. (中山伊知郎・東畑精一 (訳) (1995). 新装版 資本主義・社会主義・民主主義　東洋経済新報社).
Sears, D. O. (1986). College sophomores in the laboratory: Influences of a narrow data base on social psychology's view of human nature. *Journal of Personality and Social Psychology*, 51, 515-530.
Sears, D. O. & Funk, C. L. (1991). The role of self-interest in social and political attitudes. *Advances in Experimental Social Psychology*, 24, 1-91.

Sears, D. O., Huddy, L., & Jervis, R.(2003). The Psychologies underlying Political Psychology. In D. O. Sears, L. Huddy, & R. Jervis (Eds.) *Oxford Handbook of Political Psychology*. New York: Oxford University Press, pp. 3-16.

Shah, D. V., McLeod, D. M., Friedland, L., & Nelson, M. R.(2007). The Politics of consumption/ The consumption of politics. *The Annals of the American Academy of Political and Social Science*, 611, 6-15.

Slothuus, R. & de Vreese, C. H.(2010). Political parties, motivated reasoning, and issue framing effects. *The Journal of Politics*, 72, 630-645.

Sniderman, P. M., Brody, R. A., & Tetlock, P. E.(1991). *Reasoning and choice: Explorations in political psychology*. Cambridge MA: Cambridge University Press.

Stroud, N. J.(2008). Media use and political predispositions: Revisiting the concept of selective exposure. *Political Behavior*, 30, 341-366.

Stroud, N. J.(2010). Polarization and partisan selective exposure. *Journal of Communication*, 60, 556-576.

Stroud, N. J.(2011). *Niche news: The politics of news choice*. New York: Oxford University Press.

菅原琢（2011）.スケープゴート化する世論調査：専門家不在が生む不幸な迷走 *Journalism*, 248, 18-27.

Sullivan, J. L., Pierson J. E., & Marcus, G. E.(1978). Ideological constraint in the mass public: A methodological critique and some new findings. *American Journal of Political Science*, 22, 233-249.

竹中佳彦（2008）.現代日本人のイデオロギー再考　論叢現代文化・公共政策，7, 25-63.

竹下俊郎（1998）.メディアの議題設定機能：マスコミ効果研究における理論と実証　学文社.

Taniguchi, M.(2011). The electoral consequences of candidate appearances on soft news programs. *Political Communication*, 28, 67-86.

都築誉史（2010）.知識の表象と構造　箱田裕司・都築誉史・川畑秀明・萩原滋　認知心理学（New Liberal Arts Selection）有斐閣，pp. 191-216.

Tuchman, G.(1978). *Making news: A study in the construction of reality*. New York: Free Press.（鶴木眞・櫻内篤子（訳）(1991). ニュース社会学　三嶺書房）.

Tversky, A. & Kahneman, D.(1981). The framing of decisions and the psychology of choice. *Science*, 211, 453-458.

Valentino, N. A., Banks, A. J., Hutchings, V. L., & Davis, A. K.(2009). Selective exposure in the internet age: The Interaction between anxiety and information utility. *Political Psychology*, 30, 591-613.

Watanuki, J.(1967). Patterns of politics in present-day Japan. In S. M. Lipset & S.

Rokkan (Eds.) *Party systems and voter alignments: Cross-national perspectives*, New York: Free Press, pp. 447-466.

Watson, J. (2007). Representing realities: An overview of news framing. *Keio Communication Review*, 29, 107-131.

Weaver, D. H., Graber, D. A., McCombs M. E., & Eyal, C. H. (1981). *Media agenda-setting in a presidential election: Issues, images and interest.* New York: Praeger.

山崎新・荒井紀一郎 (2011). 政治的洗練性が規定する態度の安定性　選挙研究, 27, 120-134.

安野智子 (2003). メディア利用および対人ネットワークが政治知識に及ぼす影響　都市問題, 94(11), 33-48.

吉原賢二 (1975). 私憤から公憤へ：社会問題としてのワクチン禍　岩波新書.

Zaller, J. (1992). *The nature and origins of mass opinion.* New York: Cambridge University Press.

07 参院選 年金だけでいいの？私が考えるこれこそがホントの争点. (2007). 金曜日, 15 (24) (通号 674), 8-12.

おわりに

　2005年4月，期待と不安を胸に大学院に進学した私が，将来政治についての本を書くことを知ったらどんな反応をするでしょうか．なぜそのようなことになったか理解できずにきょとんとするか，そんなことをするために大学院に入ったわけではないと退学してしまうか，あるいは人間とはたった数年でそこまで急激に関心を変化させうるものなのかと興味深く思い，かえって学問への情熱が湧いてくるかもしれません．いずれにせよ，当時の私にとっては，それほどまでに政治という存在は縁遠く，できれば関わりたくないと思う対象でした．

　それではなぜ私が政治の研究を行うことになったのか，それは取りも直さず学部・大学院を通じての指導教員である池田謙一教授（現同志社大学社会学部教授）にうまく乗せられ，もとい，導かれたからです．なお，前者は当時の，後者はいま振り返っての心情に対応しております．

　卒業論文で対人的コミュニケーションについての社会調査データを用いて研究を行った私は，大学院ではコミュニケーションの内容にまで踏み込んだ分析を行いたいと考えておりました．大学院のリサーチミーティングでそのように発表したところ，テキストマイニングと呼ばれる手法が普及しつつあることを教えていただき，また，ちょうどここにテキストデータがあるから試しに分析してみたらよいと，JES Ⅲの自由回答データを渡していただきました．この分析が思いのほか大変であると同時にやりがいもあり，結局修士論文は小泉政権について書くことになりました．また，この背景には修士課程の学生であった私は，自前で修士論文のためのデータを取得するための予算を持っていなかったという現実的な問題もあります．自分自身の関心に従ってテーマを選択するべきなのか，それとも始めは関心が持てなくとも指導教員などのプロジェクトに積極的に参加することで経験を積むべきなのか，これは当時の私に限らず，これからの社会科学系の大学院生の多くが直面する問題かと思います．

一度は自身の関心を棚上げしプロジェクトに参加する道を選んだ私ですが，修士課程を終える当時は，政治が自分の研究し続けていきたいテーマだとはとうてい思えず，無事就職できたら政治の研究は止めようなどと，いま思えば非常に甘いことを考えておりました．その状況が変化したのは選挙学会での同世代の政治学者との交流を通じてです．彼らとの交流を通じて，自分が学んできた社会心理学の方法論や理論は政治学者と選挙研究について語る際の共通言語となること，それでも自分と政治学をバックグラウンドとする研究者との間には時として埋めがたい着眼点の違いが存在することを認識することができました．場合によってはこの着眼点の違いは短所にもなるでしょう．しかし，オリジナリティが求められる研究の世界では，始めから政治に関心を持ち大学・大学院に進んだ研究者とは異なる視点を持つことは自分の長所とすることができますし，民主主義の制度下にありながら多くの有権者が（私と同様）政治に関心を持つとはいえない現在の日本においては，政治学を専門としない立場から政治を対象とした研究を行うことに意味があるといえるでしょう．これらのことに気づいて以降は，政治は自分が積極的に取り組んでいきたい研究対象へと変化しました．それと同時に，政治を専門としないにもかかわらず，何らかの形で政治と関わらざるをえない一般有権者が政治をどう捉えているのか，という疑問は，博士論文ならびにそれをもととした本書の中心となるテーマとなりました．

　20代半ばであった当時の私は，もともと政治に関心がなかった自分が政治の研究をすることを一種の使命のように感じたのですが，もちろん，これは若気の至りによる思い違いであった可能性もあります．もとから政治に関心を持たなかった私が政治の研究を行うことに何らかの意味，具体的にいえば学問的貢献があったのか，という点につきましては，本書ならびに私が今後行っていく研究を通じて評価していただく他ないと思います．しかし，民主主義というシステムが，専門家ではない多くの人々が政治にそれなりの関心を寄せることを前提としている以上，私に限らず政治学以外のバックグラウンドを持つ研究者の視点からも，活発に政治の研究が行われることが重要であることは間違いないでしょう．Political Science全体の現状と比べると，日本においてはそのような動きが少ないように思えます．したがって，本書の存在が，「法学部」

「政治学」以外のバックグランドを持つ研究者が政治の研究へと足を踏み出すことを少しでも後押しすることにつながれば，この上ない喜びです．

　なお，本書は，2013 年 4 月，東京大学人文社会系研究科に提出された博士学位論文をもとにしたものです．博士論文の執筆にあたっては大変多くの方に支えていただきましたが，とくに指導教員である池田謙一教授の学部から大学院修士・博士課程までの大変長い間にわたるご指導がなければ，決して論文を書くことはできませんでした．前述の通り，(いま思えば幸運なことに) そもそも政治の研究へと導いて下さったのは池田先生でしたが，それ以外にも社会を見る研究者としての視点や自分とは異なる専門分野に飛び込む姿勢など，本書を執筆する上で不可欠であったものの多くは，先生から学ばせていただいたものです．池田先生のゼミは「応用社会心理学演習」という名前でしたが，スケールの大きな研究に挑戦することを良しとする「鷹揚社会心理学演習」とも呼べる風土に，私は育てていただいたと思っております．心より感謝申し上げます．

　また，博士論文の審査委員の先生方からは，審査の過程で大変貴重なご助言をいただきました．唐沢かおり教授 (東京大学人文社会系研究科) からは社会心理学の観点から概念や方法論についての鋭く的確なご指摘をたくさんいただきました．大学院を修了し社会心理学者として生きていく上で，この機会に改めて社会心理学について学ばせていただけたことは，本当にありがたい経験であったと感じております．村本由紀子教授 (東京大学人文社会系研究科) および柴内康文教授 (東京経済大学コミュニケーション学部) からは，質的面接調査・コミュニケーション研究といった先生方のご専門に関わる点を中心に重要なご指摘を多くいただいたのみならず，今後の研究の方向性につきましても，大変貴重なご助言をいただくことができたと思っております．直接私と在学期間が被っているわけではございませんが，お二人の厳しくも温かいコメントからは，(私の勝手ながら) 社会心理学研究室の先輩としてのまなざしを感じさせていただきました．前田幸男准教授 (東京大学社会科学研究所) には政治学者としての視点から貴重なご助言をたくさんいただきました．本書は社会心理学における学位論文ではありますが，政治という対象を扱っている以上，本書の発表に際しては政治学者の先生方との議論を避けて通ることはできません．

したがいまして，博士論文審査の段階で前田先生にご助言をいただけましたことは，大変ありがたいことです．

なお，このように先生方から貴重なコメントを多数いただきましたが，本書の至らない点については，私自身の力不足が原因であることはいうまでもないことです．

本書のような社会心理学・選挙研究の分野における実証研究は，調査・実験に協力してくださる方の存在なしには決して成り立ちません．本書における調査・実験に協力してくださったすべてのみなさま，とりわけ研究室に足を運んでいただき長時間の面接に協力してくださいました24名のみなさま（とプリテストに協力いただいた3名のみなさま）には深く感謝申し上げます．

東京大学社会心理学研究室のみなさまには長い間本当にお世話になりました．研究室の先輩・後輩とのディスカッションは本書を構成する研究を進める上でのアイデアの源泉となっております．とくに池田研究室の先輩であった小林哲郎さん（国立情報学研究所）および志村誠さんには，本書の執筆においてなくてはならない多くのことを教えていただきました．また，本書におけるデータの取得に際しましても研究室の先輩・後輩のお力をいただきました．第4章は小林哲郎さん，第6章および第7章は池田真季さんとの共同研究がもととなっております．さらには，福島澄子さんを始めとする事務の方々には在学中を通じてお世話になっておりました．みなさま本当にありがとうございました．

本書のもととなる博士論文の執筆は主に私が武蔵大学社会学部助教として勤務する3年の間に行われました．初めての教員としての生活に慣れない中，授業と研究を両立することは物理的にも精神的にも決して容易なことではありませんでした．しかし，笠原一絵さん（武蔵大学経済学部），村山絵美さん（武蔵大学人文学部），伊藤晋子さんが支えてくださったおかげで，なんとか博士論文を書き上げるための時間と環境を作ることができたと思っております．本当にありがとうございました．

本書は2014年度学術振興会 科学研究費補助金研究成果公開促進費（学術図書）の助成を受けております．博士論文を執筆している時点から第Ⅲ部にあたる部分については，個別の論文としてではなくまとまった形で発表したいと思っておりましたし，第6章を構成する有権者の方々の生の声については，字数

制限や論文審査のプロセスの中でカットしてしまうのではなく，できるだけそのまま掲載したいと考えておりました．科研費の助成を得て，私の望む形で研究を発表できますことに，感謝いたします．また，本書を出版するにあたっては，東京大学出版会の後藤健介さんに本当にお世話になりました．博士論文が書籍となり，みなさまに読んでいただく形になる過程で，多くの重要なアドバイスをいただきました．まことにありがとうございました．

そして最後になりますが，不安定な研究者という道に進んだ結果として多くの心配をかけることになりましたが，それでも私を見守り続けてくれました家族に感謝いたします．

人名索引

ア 行

アーブリング（Erbring, L.） 76
アイエンガー（Iyenger, S.） 31-32, 188, 190
間場寿一 10, 39
池田謙一 11, 19, 26, 39, 43, 53, 83, 110, 134, 140-41, 192
稲増一憲 11, 26, 43, 53, 75, 82, 103, 134, 167, 189
今田高俊 140
ウィーバー（Weaver, D. H.） 76
上野陽子 191
遠藤晶久 11
エントマン（Entman, R. M.） 34, 39
小熊英二 191

カ 行

カーネマン（Kahneman, D.） 30, 32
蒲島郁夫 8, 11, 47, 55, 77-80, 182
カペラ（Cappella, J. N.） 31-32
キーター（Keeter, S.） 10, 18, 170, 181
木下富雄 10, 39
キム（Kim, S.） 81
ギャムソン（Gamson, W. A.） 24-26, 32, 39, 41
キャンベル（Campbell, A.） 7, 10-11, 18-20, 23, 32, 38, 40, 106
キング（King, G.） 41
キンダー（Kinder, D. R.） 10, 34
グレーバー（Graber, D. A.） 18, 23, 26
ケルシュタット（Kellstedt, P. M.） 45
河野武司 11
コーンハウザー（Kornhauser, W.） 191

小林哲郎 53, 83, 189
ゴフマン（Goffman, E.） 29, 31, 35, 37, 106
コンバース（Converse, P. E.） 7-12, 18-20, 23, 33, 38, 40, 71, 79, 106, 110, 148, 154, 163, 181

サ 行

サリバン（Sullivan, J. L.） 9
シアーズ（Sears, D. O.） 40, 126
ジェイミソン（Jamieson, K. H.） 31
シューファー（Scheufele, D. A.） 28

タ 行

ダール（Dahl, R. A.） 13, 137
ダウンズ（Downs, A.） 12-13, 17, 27, 37
竹下俊郎 76
竹中佳彦 8, 11, 47, 55, 77-80, 182
タックマン（Tuchman, G.） 29, 31
チョン（Chong, D.） 27, 33, 41, 79
ディオンヌ（Dionne, E. J., Jr.） 20
デメルス（Demers, D. P.） 76
デリカーピニ（Delli Carpini, M. X.） 10, 18, 170, 181
トヴァスキー（Tversky, A.） 30, 32
ドラックマン（Druckman, J. N.） 27, 33, 34

ナ 行

ニューマン（Neuman, W. R.） 25-26, 32, 38-39, 41, 65, 110, 154
ネルソン（Nelson, T. E.） 32, 34
ノリス（Norris, P.） 165

ハ 行

ハーバーマス（Habermas, J.） 139-140, 147, 192
バウム（Baum, M. A.） 17
ビショップ（Bishop, G. F.） 9
ファンク（Funk, C. L.） 126
フィオリーナ（Fiorina, M. P.） 17, 72
プライアー（Prior, M.） 13, 15-17, 20, 38
ヘルトフ（Hetrog, J. M.） 42
ポプキン（Popkin, S. L.） 13-14, 16-17, 21, 37, 124, 127

マ 行

マーカス（Markus, G. B.） 9
マカビンズ（McCubbins, M. D.） 14
マクラウド（McLeod, J. M.） 42
マッツ（Mutz, D. C.） 83
三宅一郎 10-11, 39

ミンスキー（Minsky, M.） 30-31
森川友義 11

ラ 行

ライリー（Riley, M. W.） 134
ラウ（Lau, R. R.） 14, 187
ラスキン（Luskin, R. C.） 10, 18, 79, 163, 170
ラッシュ（Lasch, C.） 19-20, 189
リース（Reese, S. D.） 28
リン（Lin, N.） 81
ルソー（Rousseau, J.） 139
ルピア（Lupia, A.） 14, 18
ルビン（Rubin, R. B.） 134
レーン（Lane, R. E.） 23
レドロウスク（Redlawsk, D. P.） 14, 187

ワ 行

綿貫譲治（Wantanuki, J.） 78
ワトソン（Watson, J.） 42

事項索引

あ行

イデオロギー　8-12, 18-20, 23, 38, 54, 77-79, 95, 110, 112-14, 129-30, 148, 179, 181-82, 189, 194
インターネット　15-16, 38
インターネット調査　47, 58, 61, 70, 82, 104, 146, 167, 171, 178-80, 185, 188-89

か行

会話の通貨　134, 151-52
議題設定効果　75-77, 80, 95, 182
居住地域　115, 148, 170
公共圏／公共領域／公共空間　139-41, 147-48, 184, 187, 192-93
個人の生活　121, 149, 170
国会会議録データ　57, 61

さ行

JES　26, 46, 55, 77-78, 81-86, 88, 140
仕事経験　127, 150
質的面接調査　23-24, 39, 47, 103, 105, 183, 186
私的生活空間　138
社会調査　8-9, 40, 46, 165
自由回答　8, 39-40, 46, 56-58, 61, 66, 87, 98
新聞接触　91
スキーマ　19, 24, 26-28, 39, 121
　政党──　26
政治関心　121, 144, 147, 158-65, 170-71, 175-80, 184-85, 187

政治参加　12-13, 83, 104, 118, 121, 144, 146, 159-61, 163-65, 185, 187
政治知識　10-11, 15, 18, 20, 87, 171-72, 176-78, 185, 189
政治的エリート　8, 11-13, 17, 19, 21, 23, 28-29, 32-33, 38, 40-41, 45, 53-55, 61, 75, 77-80, 95, 98-99, 103, 106, 114-15, 156, 163-64, 181-83, 186, 193-94
政治的ショートカット　12, 14-15, 18, 20, 34-35, 73
政治的洗練性　7-9, 12, 17, 19, 21, 38, 71, 79, 121, 138, 163, 170-71, 179, 181, 183

た行

地域活動への参加　118
中間集団　191-92
抽象的概念　113, 138-41, 147, 170-72, 174, 178, 180
低情報合理性　14, 17
テキストデータ　54, 56-58, 65, 67, 70, 84, 87, 98, 182, 186
テキストマイニング　45

な行

日常生活における経験　14, 16-17, 38, 75, 80-81, 89, 99, 138, 164-65, 185, 187, 189
ネットワーク多様性　82-85, 88-90

は行

半構造化面接　→質的面接調査
副産物　13, 15-17, 20, 37, 106, 123-25,

127, 130, 132, 138, 141, 185, 187
フレーミング効果　28, 30-31, 33-35, 42, 188
フレーム　25-35, 37, 38, 42-47, 49, 56-57, 65-68, 70-73, 75, 77, 79-80, 84, 95, 103, 105-12, 114-15, 117-18, 120-21, 126-28, 130, 132, 134, 136-41, 143-72, 175-76, 178-94
　コミュニケーション──　28-29
ポジション・ジェネレーター　81-82, 86
保守・革新　→イデオロギー

ま 行

マスメディア　15, 21, 25-26, 28, 31, 34, 54, 61, 65, 75-77, 80-81, 84, 86-88, 90-92, 95-96, 121, 133, 139, 183
マニフェスト　54, 71
マルチメソッド　42

や 行

有権者の能力　7, 10, 12, 19-20, 24, 181
有権者の無知　7, 9, 18, 20, 33, 73
有効性感覚　119, 144, 147, 157-65, 187
郵送調査　145, 167
世論操作　32
弱い紐帯　83

著者略歴

稲増一憲（いなます・かずのり）

1981年東京都生まれ，東京大学文学部卒業，同大学大学院人文社会系研究科博士課程単位取得退学．武蔵大学社会学部助教，関西学院大学社会学部専任講師をへて，
現　在　関西学院大学社会学部准教授．博士（社会心理学）．

主要論文・著書

「多様化するテレビ報道と，有権者の選挙への関心および政治への関与との関連：選挙報道の内容分析と大規模社会調査の融合を通して」『社会心理学研究』25巻1号，42-52（日本社会心理学会賞奨励論文賞），『政治のリアリティと社会心理——平成小泉政治のダイナミクス』（池田謙一編，木鐸社，2007年，分担執筆），『新版アクセス日本政治論』（平野浩・河野勝編，日本経済評論社，2011年，分担執筆）．

政治を語るフレーム
乖離する有権者，政治家，メディア

2015年2月23日　初　版

［検印廃止］

著　者　稲増一憲（いなますかずのり）

発行所　一般財団法人　東京大学出版会
代表者　古田元夫
153-0041　東京都目黒区駒場 4-5-29
http://www.utp.or.jp/
電話 03-6407-1069　Fax 03-6407-1991
振替 00160-6-59964

印刷所　株式会社三秀舎
製本所　誠製本株式会社

©2015 Kazunori Inamasu
ISBN 978-4-13-016119-0　Printed in Japan

JCOPY〈(社)出版者著作権管理機構　委託出版物〉
本書の無断複写は著作権法上での例外を除き禁じられています．複写される場合は，そのつど事前に，(社)出版者著作権管理機構（電話 03-3513-6969，FAX 03-3513-6979, e-mail: info@jcopy.or.jp）の許諾を得てください．

コミュニケーション──社会科学の理論とモデル5
池田健一　四六判・256頁・3000円
コミュニケーションの原義にある「共有」的側面に注目し，会話，ソーシャル・ネットワーク，マスコミュニケーション，インターネット，世論にまたがる広い領域の中で，ダイナミックなコミュニケーションのパターンを分析する．

クチコミとネットワークの社会心理
──消費と普及のサービスイノベーション研究
池田健一［編］　A5判・224頁・3200円
ネット社会のコミュニケーションの「かたち」とダイナミクスを，具体的調査とモデル分析の双方から捉え，ネットのクチコミが購買行動に至るまでの流れを予測する．社会心理学とサービスイノベーション融合の試み！

重層的な世論形成過程
──メディア・ネットワーク・公共性
安野智子　A5判・224頁・4200円
個々人の言動を越え政治や社会に力を及ぼす存在である世論．理論的研究にオリジナルな調査データを交えながら，世論形成の重層性と変化のしくみと，世論の公共性に再照明をあてる．

退職シニアと社会参加
片桐恵子　A5判・278頁・5800円
もはや「余生」とは言えない退職後の長い月日をどのように豊かなものにするか．社会調査と詳細な質的調査を統合，退職シニアの人間関係の結びなおしの現実と「社会参加の効用」を明らかにする．

ここに表示された価格は本体価格です．ご購入の際には消費税が加算されますのでご了承ください．